Alessandro Ciammetti

INFORTUNI E MALATTIE PROFESSIONALI: LE PROCEDURE DI RICONOSCIMENTO DELLE TUTELE INAIL

settembre 2022

A mio padre ed ai suoi insegnamenti ...che da buon figlio ho sempre disatteso.

Alessandro Ciammetti '74

INDICE

Per il lettore:

è opportuno verificare sempre la continua evoluzione normativa e giurisprudenziale.

INTRODUZIONE

Il presente lavoro si prefigge l'obiettivo di esporre ed analizzare il percorso amministrativo e giudiziario per il riconoscimento delle *tutele INAIL* (Istituto Nazionale per l'Assicurazione contro gli Infortuni sul Lavoro) garantite dalla assicurazione obbligatoria che protegge sia il lavoratore, coperto dai vari danni psicofisici e patrimoniali, sia il datore di lavoro che viene esonerato dalla responsabilità civile, a seguito del verificarsi di tecnopatie ed infortuni avvenuti per cause di ambito lavorativo.

Per restare nel perimetro delle sole procedure di riconoscimento, alcuni concetti normativi e giurisprudenziali devono darsi per acquisiti ed elaborati nella loro evoluzione storico-temporale, premesso che la definizione e qualificazione delle malattie e degli infortuni in ambito lavoro subisce una fase di continua evoluzione e sviluppo, cui spesso i sistemi di individuazione e riconoscimento non riescono ad adeguarsi per tempo dovendo quindi intervenire la giurisprudenza che, caso per caso, contestualizza e attualizza i casi in esame.

Capire il "sistema INAIL", che pone al centro dell'attenzione il lavoratore in ogni forma, ci porta a considerare che che la c.d. *'presa in carico del lavoratore'* avvolge tutti gli aspetti verso i quali può svilupparsi una tecnopatia o un infortunio sul lavoro:

dall'ambito assistenziale, al riabilitativo, al reinserimento lavorativo, fino all'ambito risarcitorio.

Benché il punto centrale di questo elaborato riguarda il lavoratore che subisce infortuni o malattie da lavoro, dobbiamo considerare che gli sviluppi cui approda tutta la procedura hanno effetti ben maggiori ed ampi dello stretto "ambito privato", poiché il giudizio finale avrà effetti sulla sua ricollocazione o messa a riposo: effetti 'pubblici' che andranno a coinvolgere direttamente e indirettamente soggetti terzi ed estranei alla vicenda.

Il 'sistema INAIL' per come è stato strutturato ed anche *scritto* lo rende sempre attuale nell'evolversi del "lavoro":

sia perché il suo monopolio come unico ente assicuratore obbligatorio gli permette di avere continui flussi di informazioni tali da fargli avere una casistica pressoché completa e aggiornata che determina un rafforzamento del sistema di giudizio probabilistico causa-effetto, la regola del *"più probabile che non"*;

sia per il suo aprirsi al nuovo anche con il riconoscimento di nuove tipologie di infortuni e malattie sancite dalla giurisprudenza e che vengono puntualmente riconosciute dall'Istituto stesso.

La procedimentalizzazione delle procedure di riconoscimento dei benefici determina un sistema chiaro, puntuale ed egualitario, conoscibile a tutti (anche attraverso il sito Inail), la cui unica parte valutativa è quella fondata sul metodo medico-legale, dove la discrezionalità è comunque molto limitata.

La seguente tesi viene suddivisa in capitoli ripartiti a loro volta in paragrafi per argomento.

Nel primo capitolo, dopo una sintetica presentazione della Medicina del Lavoro, vengono enucleati i pilastri che danno vita al sistema: i concetti di tecnopatie e di infortuni sul lavoro, nonché quello di nesso causale.

Seguirà, nel secondo capitolo, l'esposizione delle forme automatico-obbligatorie della fase amministrativa per poi affrontare, nel terzo capitolo, la eventuale fase giudiziaria.

Il capitolo finale verrà dedicato alle considerazioni/riflessioni che sono scaturite dall'esame delle procedure, automatico-obbligatoria quella amministrativa ed eventuale-facoltativa quella giudiziaria.

Per la stesura di questo elaborato sono stati essenziali il corso di Medicina del lavoro, le norme Costituzionali (a partire dal fondamentali artt. 32 e 38 Cost.), il D.P.R. 1124/65 e il D.Lgs. 38/2000 che sono i "pilastri" a fondamento del risarcimento dei lavoratori, il sito INAIL e la documentazione che lo stesso istituto produce e mette a disposizione, , le norme codicistiche, il D.Lgs. 81/08, lo studio dei testi riportati nella bibliografia e sitografia, nonché quando indicato nelle note a piè pagina.

CAPITOLO PRIMO

DEFINIZIONI DI TECNOPATIA ED INFORTUNIO SUL LAVORO

1. La Medicina del lavoro

La medicina del lavoro nasce in Italia ed ha come padre il prof. Berardino Ramazzini che nel 1700, nella sua opera *'De morbis artificium diatriba'* riporta le conclusioni ricavate dall'osservazione diretta delle condizioni lavorative e dei colloqui sostenuti in prima persona con i lavoratori riguardo al lavoro ed alla causa dei loro disturbi e tutta la serie di suggerimenti elaborati finalizzati a prevenire i danni da lavoro in oltre 50 tipologie di occupazione.

Ancora oggi resta assai noto e divulgato è il suo precetto cardine della sua opera *"longe praestantius est praeservare quam curare"*: *prevenire è di gran lunga meglio che curare.*

Lo sviluppo continua con Luigi Devoto, medico e fondatore agli inizi del 1900 della Clinica del Lavoro di Milano, secondo cui al centro dell'attenzione non deve esserci la cura del lavoratore, ma la cura del lavoro.

Nella sua definizione consolidata, la Medicina del lavoro è quella disciplina medica che esamina le malattie derivanti dal lavoro (tecnopatie) sotto i profili preventivo e risarcitorio e si colloca negli ambiti: preventivo, curativo, riabilitativo e risarcitorio. Gli ultimi tre ambiti (curativo, riabilitativo e risarcitorio), garantiti dalla assicurazione obbligatoria, sono a fondamento delle tutele dell'Istituto Nazionale per l'Assicurazione contro gli Infortuni sul Lavoro (INAIL).

L'evento tutelato della medicina del lavoro comprende la tutela dei lavoratori sui luoghi di lavoro e la tutela per le conseguenze delle tecnopatie e degli infortuni, ed è suddiviso in tre parti:

a) la parte dedicata agli obblighi inerenti la sorveglianza sanitaria nelle unità produttive;

b) la parte relativa al lavoro in azienda inteso come igiene del lavoro;

c) la parte inerente i singoli rischi lavorativi.

2. Il principio di automaticità-obbligatorietà delle prestazioni

Parlando di lavoro si deve sempre purtroppo considerare anche gli infortuni ad esso connessi (oltre che di altri diritti e doveri) e quindi, proprio per questa ragione, è il caso di parlare di *mondo del lavoro*, a rappresentare la globalità che ruota intorno ad ogni singolo atto lavorativo.

L'ambito della sicurezza lavorativa e del principio del rischio professionale agli infortuni sul lavoro trova la sua fonte primaria nell'art. 38 della Costituzione[1] ed è regolato dal d.P.R. 1124/1965, il "Testo Unico delle disposizioni per l'assicurazione obbligatoria contro gli infortuni sul lavoro e le malattie professionali" e ss.mm. ii., Testo di fondamentale importanza per l'evoluzione storico-normativa dell'INAIL.

Di significativa importanza è la modifica intervenuta con il d.lgs. 38/2000 che ha introdotto la tutela del danno biologico e al posto della capacità lavorativa generica - oltre le più recenti per le tutele contro la pandemia da Covid 19 - e dal d.lgs. 81/2008 e ss.mm.ii che hanno posto al centro la tutela della salute psico-fisica del lavoratore, introducendo oltre la tutela dell'infortunio in itinere, quello dell'indennizzo del danno biologico con l'applicazione le c.d. 'Tabelle di Milano' in uso per calcolare il risarcimento alle vittime del danno non patrimoniale, attuando in tal modo il principio espresso dall'art. 32 Costituzione[2], consentendo così la tutela anche dei traumi psichici quali mobbing, bossing, straining.

---

1   *"Ogni cittadino inabile al lavoro e sprovvisto dei mezzi necessari per vivere ha diritto al mantenimento e all'assistenza sociale.*
I lavoratori hanno diritto che siano preveduti ed assicurati mezzi adeguati alle loro esigenze di vita in caso di infortunio, malattia, invalidità e vecchiaia, disoccupazione involontaria.
Gli inabili ed i minorati hanno diritto all'educazione e all'avviamento professionale.
Ai compiti previsti in questo articolo provvedono organi ed istituti predisposti o integrati dallo Stato.
L'assistenza privata e' libera."

2   La Repubblica tutela la salute come fondamentale diritto dell'individuo e interesse della collettività, e garantisce cure gratuite agli indigenti.
Nessuno puo' essere obbligato a un determinato trattamento sanitario se non per disposizione di legge. La legge non puo' in nessun caso violare i limiti imposti dal rispetto della persona umana.

E' da specificare che la tutela INAIL ha una limitazione soggettiva che riserva l'assicurazione contro gli infortuni ai soggetti indicati dall'art. 4 del T.U. "Persone assicurate", purché svolgano una delle attività previste dall'art. 1 del T.U. "Attività protette" e che gli artt. 10[3] e 11[4] del T.U. 1124/65 disciplinano l'esonero del datore di lavoro dalla

---

3   *L'assicurazione a norma del presente decreto esonera il datore di lavoro dalla responsabilità civile per gli infortuni sul lavoro.*

    Nonostante l'assicurazione predetta permane la responsabilità civile quando il fatto dal quale l'infortunio o la malattia professionale sono derivati costituisca reato perseguibile d'ufficio, imputabile al datore di lavoro o alle persone del cui operato egli debba rispondere secondo il codice civile.

    Le disposizioni dei due commi precedenti non si applicano quando per la punibilità del fatto dal quale l'infortunio è derivato sia necessaria la querela della persona offesa.

    Qualora sia pronunciata sentenza di assoluzione o di non doversi procedere o il reato sia dichiarato estinto per morte dell'imputato o per amnistia o per prescrizione o sia emesso decreto di archiviazione, il giudice civile, in seguito a domanda degli interessati, proposta entro tre anni dalla sentenza o dal provvedimento di archiviazione, decide se per il fatto che avrebbe costituito reato, sussista la responsabilità civile a norma dei commi secondo e quarto del presente articolo.

    Non si fa luogo a risarcimento qualora il giudice riconosca che questo complessivamente calcolato per i pregiudizi oggetto di indennizzo non ascende a somma maggiore dell'indennità che a qualsiasi titolo e indistintamente, per effetto del presente decreto, è liquidata all'infortunato o ai suoi aventi diritto.

    Quando si faccia luogo a risarcimento, questo è dovuto solo per la parte che eccede le indennità liquidate a norma degli artt. 66 e seguenti, e per le somme liquidate complessivamente ed a qualunque titolo a norma dell'articolo 13, secondo comma, lettera a) e b) del decreto legislativo n. 38 del 2000.

    Agli effetti dei precedenti commi sesto e settimo l'indennità d'infortunio è rappresentata dal valore capitale della rendita complessivamente liquidata, calcolato in base alle tabelle di cui all'art. 39 nonché da ogni altra indennità erogata a qualsiasi titolo.

4   *L'istituto assicuratore deve pagare le indennità anche nei casi previsti dal precedente articolo, salvo il diritto di regresso per le somme a qualsiasi titolo pagate a titolo d'indennità e per le spese accessorie nei limiti del complessivo danno risarcibile contro le persone civilmente responsabili. La persona civilmente responsabile deve, altresì, versare all'Istituto assicuratore una somma corrispondente al valore capitale dell'ulteriore rendita a qualsiasi titolo dovuta, calcolato in base alle tabelle di cui all'art. 39 nonché da ogni altra indennità erogata a qualsiasi titolo. Il diritto di regresso dell'Istituto non può essere esercitato sulle somme dovute al lavoratore infortunato a titolo di risarcimento del danno di pregiudizi che non sono oggetto della tutela di cui al*

responsabilità civile per gli infortuni sul lavoro tranne quando sia imputabile allo stesso la mancata applicazione delle misure di sicurezza e nell'ipotesi in cui il fatto dal quale sia derivato l'infortunio costituisca reato.

In ossequio agli art. 32 e 35 Cost., a prescindere dalla condizione di reciprocità, è riconosciuta una tutela essenzialmente generalizzata anche agli stranieri che subiscono un infortunio nel territorio italiano.

La platea dei soggetti tutelati dall'elencazione tabellare tassativa, è stata man mano ampliata con una estensione dei soggetti protetti per opera della legislazione e della giurisprudenza costituzionale e di legittimità, con l'ammissione dei lavoratori agricoli (autonomi e subordinati), degli artigiani, dei dipendenti pubblici, degli sportivi professionisti, dei dirigenti, dei lavoratori parasubordinati, dei tirocinanti, di coloro che svolgono attività di volontariato, dei detenuti, (...), dei lavoratori in ambito domestico, fino ai c.d. riders.

---

presente decreto e successive modificazioni e integrazioni.

La sentenza, che accerta la responsabilità civile a norma del precedente articolo, è sufficiente a costituire l'Istituto assicuratore in credito verso la persona civilmente responsabile per le somme indicate nel comma precedente.

Nella liquidazione dell'importo dovuto ai sensi dei commi precedenti, il giudice può procedere alla riduzione della somma tenendo conto della condotta precedente e successiva al verificarsi dell'evento lesivo e della adozione di efficaci misure per il miglioramento dei livelli di salute e sicurezza sul lavoro. Le modalità di esecuzione dell'obbligazione possono essere definite tenendo conto del rapporto tra la somma dovuta e le risorse economiche del responsabile.

L'Istituto può, altresì, esercitare la stessa azione di regresso contro l'infortunato quando l'infortunio sia avvenuto per dolo del medesimo il cui accertamento, se non è avvenuto nel processo penale, è demandato al giudice civile nelle forme stabilite dal codice di procedura civile.

La Corte Costituzionale con sentenza 5066/2018 ha ritenuto che l'evento tutelato, infortunio o malattia professionale, viene protetto in quanto ***"fatto oggettivo che genera un bisogno socialmente rilevante"***, mentre il concetto di rischio (su cui si fondava l'originario impianto del sistema) nell'assicurazione obbligatoria deve perdere ogni rilevanza ai fini della tutela. A tale orientamento si è adeguata anche la giurisprudenza della Corte di Cassazione che, ad esempio, nella sentenza 15971/2017 ha riaffermato il concetto secondo il quale *"nel sistema assicurativo gestito dall'INAIL non vige il principio assoluto della copertura universalistica delle tutele, in quanto la tendenza ordinamentale espansiva di tale obbligo può operare, sul piano soggettivo, solo nel rispetto e nell'ambito delle norme vigenti, che , come per il libero professionista, in nessun luogo - art. 1, 4 e 9 T.U. - ne contemplano l'assoggettamento per le associazioni professionali"*.

Quindi al fianco del rigido sistema tabellare di tutela e conseguente riconoscimento dei infortunio e/o tecnopatia, esiste un sistema aperto, il *sistema misto*, di riconoscimento *"caso per caso"*, che rende, in un processo evolutivo, sempre attuali ed aderenti allo sviluppo sociale e dei lavori i concetti di infortunio e malattia professionale e le tutele loro spettanti.

Sistema aperto che è utilizzato dalle stesse Commissioni medico-legali INAIL che, come abbiamo anticipato, hanno a disposizione, oltre le proprie conoscenze mediche specifiche, anche la banca dati casistico-probabilistica del Registro delle Malattie Causate da Lavoro, custodito dall'Istituto stesso dove confluiscono le segnalazioni e in base a quanto disposto dall'art. art. 139 del T.U. n.1124/1965[5] (che in prospettiva di prevenzione e di revisione delle *tabelle*, pone in capo ai medici l'obbligo di denuncia all'Ispettorato del lavoro di ogni malattia professionale di cui gli stessi avessero accertato l'esistenza) e dall'art. 10 comma V del D.lgs. 38/2000[6]

In entrambi i metodi di valutazione con Metodo Medico-legale (tabellare o misto), resta fondamentale la correlazione causa-effetto: l'affermazione del nesso causale, il mettere in relazione la patologia con l'ipotetica causa.

---

5   *È obbligatoria per ogni medico, che ne riconosca l'esistenza, la denuncia delle malattie professionali, che saranno indicate in un elenco da approvarsi con decreto del Ministro per il lavoro e le politiche sociali di concerto con quello per la salute, sentito il Consiglio superiore di sanità. L'obbligo di trasmissione della denuncia di cui al comma precedente si intende assolto con la trasmissione per via telematica del certificato di malattia professionale, ai sensi degli articoli 53 e 251 del presente decreto. I contravventori alle disposizioni dei commi precedenti sono puniti con l'arresto fino a tre mesi o con l'ammenda da euro 258,23 a euro 1.032,91. Con decreto del Ministro del lavoro e delle politiche sociali, è costituita una commissione scientifica per l'elaborazione e la revisione periodica dell'elenco delle malattie di cui al presente articolo e delle tabelle di cui agli articoli 3 e 211*

6   Ai fini del presente articolo, e' istituito, presso la banca dati INAIL, il registro nazionale delle malattie causate dal lavoro ovvero ad esso correlate. Al registro possono accedere, in ragione della specificita' di ruolo e competenza e nel rispetto delle disposizioni di cui alla legge 31 dicembre 1996, n.675, e successive modificazioni ed integrazioni, oltre la commissione di cui al comma 1, le strutture del Servizio sanitario nazionale, le direzioni provinciali del lavoro e gli altri soggetti pubblici cui, per legge o regolamento, sono attribuiti compiti in materia di protezione della salute e di sicurezza dei lavoratori sui luoghi di lavoro.

Secondo i principi generali della causalità gli elementi circostanziali devono essere causali della patologia.

A questo punto è più semplice capire perché l'assicurazione di tutte le *species* di lavoratori è diventata obbligatoria con monopolio INAIL: perché copre tutte le tecnopatie ed infortuni sul lavoro (anche quelli in divenire) e la c.d. 'presa in carico' da parte dell'Inail è obbligatoria ed avviene non appena l'Istituto ha notizia di un fatto rilevante ai fini delle tutele da prestare alla malattia o all'infortunio connessi all'ambito lavorativo e, per il principio della automaticità delle prestazioni, il lavoratore entra obbligatoriamente in un meccanismo, che di fatto per lui è automatico-obbligatorio, ed almeno in questa fase ne subisce tutte le conseguenze derivanti dalle valutazioni fatte dall'Istituto proprio perché il sistema di tutela non è limitato a proteggere la sola persona del lavoratore in quanto tale, ma tutti gli eventi dannosi collegati in qualche modo con l'attività lavorativa e quindi, gli infortuni sul lavoro e le malattie professionali, lo stesso datore di lavoro e colleghi, fino ad estendere - in maniera diretta o indiretta - tale protezione alla sicurezza di soggetti terzi e inconsapevoli.

Questo ci mostra l'importanza fondamentale di un documento come il **certificato medico** (Certificato: certum facere, rendere certo, attestare che una cosa è così), e della attenzione con cui il medico deve redigere il referto, che di fatto è la scintilla che mette in moto tutto il sistema, con effetti che si estendono oltre il lavoratore ed arrivano ad incidere fino ai bilanci dell'Istituto.

Ai fini di una valutazione del danno e del riconoscimento del nesso causale, sono altresì importanti documenti come la cartella clinica, la ricetta, la cartella sanitaria e di rischio dei lavoratori, il DOSP (Documento Sanitario Personale) e la Scheda sanitaria individuale del medico di famiglia.

Viene definito principio di 'automaticità delle prestazioni' poiché sul soggetto che possiamo per adesso definire in maniera generica *"lavoratore"* l'INAIL estende una copertura assicurativo-assistenziale a prescindere che il datore abbia dato corso o meno all'obbligo di assicurazione che su di esso grava e dal loro legame lavorativo-contrattuale.

3. Gli infortuni sul lavoro

Art. 2 del T.U.: "Capo II Oggetto dell'assicurazione art. 2 *L'assicurazione comprende tutti i casi di infortunio avvenuti per causa violenta in occasione di lavoro, ivi comprese le attività prodromiche e strumentali, da cui sia derivata la morte o un'inabilità permanente al lavoro, assoluta o parziale, ovvero un'inabilità temporanea assoluta che importi l'astensione dal lavoro per più di tre giorni. Agli effetti del* presente decreto, è considerata infortunio sul lavoro l'infezione carbonchiosa. È altresì compreso tra i casi di infortunio sul lavoro l'evento dannoso derivante da infezione malarica. Salvo il caso di interruzione o deviazione del tutto indipendenti dal lavoro o, comunque, non necessitate, l'assicurazione comprende gli infortuni occorsi alle persone assicurate durante il normale percorso di andata e ritorno dal luogo di abitazione a quello di lavoro, durante il normale percorso che collega due luoghi di lavoro se il lavoratore ha più rapporti di lavoro e, qualora non sia presente un servizio di mensa aziendale, durante il normale percorso di andata e ritorno dal luogo di lavoro a quello di consumazione abituale dei pasti. L'interruzione e la deviazione si intendono necessitate quando sono dovute a cause di forza maggiore, ad esigenze essenziali ed improrogabili o all'adempimento di obblighi penalmente rilevanti. L'assicurazione opera anche nel caso di utilizzo del mezzo di trasporto privato, purché necessitato. L'uso del velocipede, come definito ai sensi dell'articolo 50 del decreto legislativo 30 aprile 1992, n. 285, e successive modificazioni, deve, per i positivi riflessi ambientali, intendersi sempre necessitato. Restano in questo caso, esclusi gli infortuni direttamente cagionati dall'abuso di alcolici e di psicofarmaci o dall'uso non terapeutico di stupefacenti ed allucinogeni; l'assicurazione, inoltre, non opera nei confronti del conducente sprovvisto della prescritta abilitazione di guida."

A norma dell'Art. 2 su riportato, l'infortunio sul lavoro è quindi caratterizzato dalla inscindibile coesistenza di tre elementi:

1. la causa violenta;

2. la lesione;

3. l'occasione di lavoro.

Specifichiamo i termini usati dalla norma:

come **"causa violenta"** si intende ogni fatto esterno che rechi o concorra a recare danno all'organismo del lavoratore mediante un'*azione rapida e concentrata in un breve arco temporale*, che per convenzione è identificato nell'unità di tempo costituita dal turno di lavoro. L'esteriorità qualifica il rapporto tra lavoratore e ambiente/condizioni di lavoro, il che porta a non escludere l'indennizzabilità di infortuni dovuti da reazioni fisiche e psichiche.

La causa virulenta ovvero l'alterazione dell'equilibrio anatomico-fisiologico per la penetrazione nell'organismo umano di fattori microbici o virali, viene equiparata alla causa violenta;

come **"lesione"** si intende ogni alterazione fisica o psichica dell'organismo del lavoratore da cui deriva una inabilità temporanea, una inabilità permanente assoluta o parziale, oppure la morte.

Per essere rilevante ai fini della tutela INAIL la inabilità *temporanea* deve essere assoluta e deve durare per più di tre giorni, mentre quella *permanente* deve consistere in postumi non interiori al 6 per cento.

Dei soggetti interessati è la stessa norma che fornisce una definizione completa e dettagliata, infatti il D.Lgv. 81/2008 (il TUSL: Testo Unico sulla Salute e Sicurezza dei Lavoratori) definisce il **lavoratore** come la *"persona che, indipendentemente dalla tipologia contrattuale, svolge un'attività lavorativa nell'ambito dell'organizzazione di un datore di lavoro pubblico o privato, con o senza retribuzione, anche al solo fine di apprendere un mestiere, un'arte o una professione"*... specificando in seguito che tale definizione si applica anche agli allievi di istituti di istruzione ed universitari che utilizzano apparecchiature o sostanze considerate come fattori di rischio;

e lo stesso TUSL fornisce anche la definizione di **datore di lavoro** individuandolo come *"il soggetto titolare del rapporto di lavoro con il lavoratore o, comunque, il soggetto che, secondo il tipo e l'assetto dell'organizzazione nel cui ambito il lavoratore presta la propria attività, ha la responsabilità dell'organizzazione stessa o dell'unità produttiva in quanto esercita i poteri decisionali e di spesa"*.

3.1 L'occasione di lavoro

Segnatamente al concetto di **occasione di lavoro**, stando al seguito della logica assicurativa dettata dall'art. 1895 (Inesistenza del rischio) c.c.[7] sull'assicurazione privata, ne dovrebbe discendere che esisterebbe solo in presenza di un rischio professionale. In realtà, il presupposto della garanzia previdenziale non sembra si possa più ricercare nella sussistenza del rischio, ma più correttamente nella prevalente necessità di garantire al lavoratore, ed alla sua famiglia, i mezzi adeguati alle sue esigenze di vita in caso di infortunio o di tecnopatia, così come disposto dall'art. 38 Cost. A fronte di ciò l'evento viene tutelato in quanto tale, in quanto fatto oggettivo che genera un bisogno socialmente rilevante e quindi deve essere estraneo al concetto di rischio. Di conseguenza il termine in uso di 'rischio assicurato', ad oggi dovrebbe avere un valore di mera convenzione terminologica residua dell'originario schema assicurativo privatistico, diretta soltanto ad indicare la possibilità di un evento lesivo.

Per l'idennizzabilità di un evento infortunistico è più significativa la sussistenza di un rapporto non meramente marginale con il lavoro, ovvero *l'occasione di lavoro*, comprensiva di tutte le condizioni, incluse quelle ambientali, in cui l'attività produttiva si svolge e nella

---

7   *Il contratto è nullo se il rischio non è mai esistito o ha cessato di esistere prima della conclusione del contratto.*

quale è intrinseco il rischio di danno per il lavoratore, sia che tale danno provenga dallo stesso apparato produttivo, sia che dipenda da fatti e situazioni propri del lavoratore.

Sul concetto di occasione di lavoro è intervenuta la Corte Costituzionale con la sentenza 462/1989 stabilendo che un infortunio può dirsi verificatosi in occasione di lavoro quando i lavoratori lo subiscono *"nell'esercizio delle incombenze cui sono adibiti"*, utilizzando con interpretazione estensiva quella contenuta nell'art. 2049 (Responsabilità dei padroni e dei committenti) c.c.[8]

Nel caso particolare degli *infortuni in itinere* vi è stato un adeguamento normativo disciplinato dall'art. 12 d.lgs. 38/2000: *"Art. 12. Infortunio in itinere*

1. All'articolo 2 e all'articolo 210 del testo unico e' aggiunto,in fine, il seguente comma: "Salvo il caso di interruzione o deviazione del tutto indipendenti dal lavoro o, comunque, non necessitate, l'assicurazione comprende gli infortuni occorsi alle persone assicurate durante il normale percorso di andata e ritorno dal luogo di abitazione a quello di lavoro, durante il normale percorso che collega due luoghi di lavoro se il lavoratore ha più rapporti di lavoro e, qualora non sia presente un servizio di mensa aziendale, durante il normale percorso di andata e ritorno dal luogo di lavoro

---

8   *I padroni e i committenti sono responsabili per i danni arrecati dal fatto illecito dei loro domestici e commessi nell'esercizio delle incombenze a cui sono adibiti.*

a quello di consumazione abituale dei pasti. L'interruzione e la deviazione si intendono necessitate quando sono dovute a cause di forza maggiore, ad esigenze essenziali ed improrogabili o all'adempimento di obblighi penalmente rilevanti. L'assicurazione opera anche nel caso di utilizzo del mezzo di trasporto privato, purché necessitato. Restano, in questo caso, esclusi gli infortuni direttamente cagionati dall'abuso di alcolici e di psicofarmaci o dall'uso non terapeutico di stupefacenti ed allucinogeni; l'assicurazione, inoltre, non opera nei confronti del conducente sprovvisto della prescritta abilitazione di guida.".

A fronte di ciò, rispetto all'art. 2 del T.U. per l'infortunio in itinere andrebbe configurato come infortunio *'per'* il lavoro e il fatto che il viaggio ha come fine il lavoro.

Mentre il caso degli *infortuni in trasferta* l'INAIL è stato oggetto della circolare n. 52 del 23 ottobre 2013 ha specificato che la trasferta *"è caratterizzata da modalità di svolgimento imposte dal datore di lavoro con la conseguenza che tutto ciò che accade nel corso della stessa deve essere considerato come verificatosi in attualità di lavoro, in quanto accessorio all'attività lavorativa e alla stessa funzionalmente connesso, e ciò dal momento in cui la missione ha inizio e fino al momento della sua conclusione".*

Fondamentale per il riconoscimento dell'indennizzo al lavoratore è quanto stabilito dall'art. 2 del T.U. n.1124/1965: ovvero che è sempre necessaria la verifica della presenza del *nesso di causalità* che da il collegamento tra la prestazione lavorativa e l'infortunio, cioè tra il lavoro ed il verificarsi del rischio (generico o specifico) cui è derivata la lesione in contestazione.

3.2 Esclusione dalla tutela

Gli unici casi di esclusione dalla tutela sono quelli in cui il rischio elettivo ricade sul lavoratore stesso con il mantenimento di comportamenti abnormi.

4. Le malattie professionali (le tecnopatie)

Malattia professionale o tecnopatia, può essere definita come *"qualsiasi stato morboso che possa essere posto in rapporto causale con lo svolgimento di una qualsiasi attività lavorativa"*[9], o, più analiticamente, come *"un'alterazione o un complesso di alterazioni anatomo-funzionali evolutive, generali e/o locali, con le loro conseguenze dirette, causate - con concorso o meno di concause fisiologiche e patologiche preesistenti e contemporanee - dall'azione*

---

9   http://www.lavoro.gov.it/temi-e-priorita/salute-e-sicurezza/focus-on/Malattie-professionali/Pagine/default.aspx

diluita di un agente eziologico compreso nelle liste di legge, ovvero di dimostrata origine tecnopatica e che eventualmente, anche per mezzo di concause posteriori di aggravamento e/o concause di menomazione anteriori, contemporanee o sopravvenute, provoca danno biologico temporaneo o anche permanente - riducendo in tal modo o annullando, in modo temporaneo ed eventualmente permanente, l'attitudine al lavoro generico - e/o produce la morte" [10]

Il T.U. 1124/65 si occupa delle malattie professionali all'art. 3:

"Art. 3 L'assicurazione è altresì obbligatoria per le malattie professionali indicate nella tabella allegato n. 4, le quali siano contratte nell'esercizio e a causa delle lavorazioni specificate nella tabella stessa ed in quanto tali lavorazioni rientrino fra quelle previste nell'art. 1. La tabella predetta può essere modificata o integrata con decreto del Presidente della Repubblica su proposta del Ministro per il lavoro e le politiche sociali, di concerto con il Ministro della salute, sentite le organizzazioni sindacali nazionali di categoria maggiormente rappresentative. L'assicurazione è obbligatoria anche per malattie diverse da quelle comprese nelle tabelle allegate concernenti le dette malattie e da quelle causate da una lavorazione specificata o da un agente patogeno indicato nelle tabelle stesse, purché si tratti di malattie delle quali sia comunque provata la causa di lavoro. Per le malattie professionali, in quanto nel presente titolo

---

10   V.A. Fiori, La causalità nelle malattie professionali, in Riv. inf. mal. prof. 2006, 347

non siano stabilite disposizioni speciali, si applicano quelle concernenti gli infortuni."

Tale norma sancisce che le malattie professionali devono essere contratte *"nell'esercizio e a causa delle lavorazioni specificate nella tabella"* e questa è la prima differenza essenziale tra il presupposto che sta alla base degli infortuni e quello alla base delle malattie professionali:

nell'infortunio il presupposto è l'occasione di lavoro, mentre nelle *tecnopatie* si richiede la sussistenza di un nesso eziologico più peculiare e stretto tra la patologia e l'attività lavorativa, per cui non basta il rapporto di occasionalità, non basta cioè l'occasione di lavoro, ma è necessario quello di causalità: **la causa di lavoro**.

E' di natura professionale quella malattia la cui causa, che deve essere direttamente connessa al lavoro, è 'lenta', diluita nel tempo (*causa diluita*), ovvero agisce lentamente e progressivamente sull'organismo.

Causa *lenta* che deve essere *diretta* ed *efficiente*, deve quindi essere in grado di produrre l'infermità in modo esclusivo o prevalente, poiché, a differenza dell'infortunio, le malattie professionali, per loro intrinseca natura, si sviluppano e progrediscono in seguito ad una esposizione significativa e protratta nel tempo ad uno o più fattori di rischio e sono effetto della graduale e progressiva azione di questi fattori morbigeni che sono insiti nella tecnica di lavorazione e/o nel processo produttivo e/o nell'ambiente di lavoro.

Il loro manifestarsi anche a distanza di molto tempo a volte porta a dover ricercare cause e concause non solo nella vita lavorativa del soggetto, ma anche in quella pre-lavorativa ed extra-lavorativa.

In presenza di altri fattori, le c.d. 'concause' ai fini dell'identificazione delle malattie professionali vale il principio di equivalenza causale stabilito dall'art. 41 (Concorso di cause) c.p.[11] e ribadito nella Sentenza 28454/2018 della Corte di Cassazione: *"...questa Corte afferma, con consolidato orientamento (cfr., fra le altre, Cassazione numero 1770 del 2018; Cassazione numero 6105 del 2015; Cassazione numero 23990 del 2014), che in materia di nesso causale tra attività lavorativa e malattia professionale, trova diretta applicazione la regola contenuta nell'articolo 41 codice penale, per cui il rapporto causale tra evento e danno è governato dal principio dell'equivalenza delle condizioni, secondo il quale va riconosciuta l'efficienza causale ad ogni antecedente che abbia contribuito, anche in maniera indiretta e remota, alla produzione dell'evento, mentre solamente se possa essere con certezza ravvisato l'intervento di un fattore estraneo all'attività lavorativa, che sia di per sé sufficiente a produrre l'infermità*

---

11   *Il concorso di cause preesistenti o simultanee o sopravvenute, anche se indipendenti dall'azione od omissione del colpevole, non esclude il rapporto di causalità fra l'azione od omissione e l'evento.*
Le cause sopravvenute escludono il rapporto di causalità quando sono state da sole sufficienti a determinare l'evento. In tal caso, se l'azione od omissione precedentemente commessa costituisce per sé un reato, si applica la pena per questo stabilita.
Le disposizioni precedenti si applicano anche quando la causa preesistente o simultanea o sopravvenuta consiste nel fatto illecito altrui.

tanto da far degradare altre evenienze a semplici occasioni, deve escludersi l'esistenza del nesso eziologico richiesto dalla legge...".

Con sentenza 26190/2019 la Corte di Cassazione ha riconosciuto come indennizzabile anche l'aggravamento di una malattia comune per cause lavorative.

4.1 Momento di manifestazione della tecnopatia

La manifestazione della tecnopatia si ritiene verificata nel momento in cui la cognizione circa l'esistenza della malattia, la sua origine professionale ed il suo grado invalidante - pari almeno al minimo indennizzabile - sia deducibile da eventi oggettivi ed esterni alla persona dell'assicurato, che costituiscono fatti noti come i certificati medici che attestino l'esistenza ed il grado invalidante della malattia, la domanda amministrativa, o altri fatti dai quali sia possibile trarre *presunzioni gravi, precise e concordanti* circa lo stato soggettivo di consapevolezza dell'assicurato, ai sensi degli artt. 2727 e 2729 c.c. (Cassaz. 27323/2005 e Cassaz. 2090/2001).

Dalla verifica della manifestazione della tecnopatia decorrono i termini di prescrizione della domanda di indennizzo che deve essere presentata entro di 3 anni e 150 giorni pena la perdita di ogni diritto.

Se, invece, la tecnopatia comporta l'astensione dal lavoro, essa, a norma dell'art. 135 T.U., si considera accertata dal primo giorno di completa astensione.

4.2 Rilievi penali

Occorre ricordare che la malattia professionale ha anche un rilievo penale, la cui nozione si coglie dal combinato disposto dell'art. 3, comma 4 D.lgs 81/2008[12], e degli artt. 589 (Omicidio colposo)[13] e 590[14] c.p. segnatamente *quella malattia che determina un'alterazione*

---

12   *4. Il presente decreto legislativo si applica a tutti i lavoratori e lavoratrici, subordinati e autonomi, nonché ai soggetti ad essi equiparati, fermo restando quanto previsto dai commi successivi del presente articolo.*

13   *Chiunque cagiona per colpa la morte di una persona è punito con la reclusione da sei mesi a cinque anni.*

Se il fatto è commesso con violazione delle norme per la prevenzione degli infortuni sul lavoro la pena è della reclusione da due a sette anni.

Se il fatto è commesso nell'esercizio abusivo di una professione per la quale è richiesta una speciale abilitazione dello Stato o di un'arte sanitaria, la pena è della reclusione da tre a dieci anni.

Nel caso di morte di più persone, ovvero di morte di una o più persone e di lesioni di una o più persone, si applica la pena che dovrebbe infliggersi per la più grave delle violazioni commesse aumentata fino al triplo, ma la pena non può superare gli anni quindici.

14   *Chiunque cagiona ad altri per colpa una lesione personale è punito con la reclusione fino a tre mesi o con la multa fino a euro 309.*

Se la lesione è grave la pena è della reclusione da uno a sei mesi o della multa da euro 123 a euro 619, se è gravissima, della reclusione da tre mesi a due anni o della multa da euro 309 a euro 1.239.

Se i fatti di cui al secondo comma sono commessi con violazione delle norme per la prevenzione degli infortuni sul lavoro la pena per le lesioni gravi è della reclusione da tre mesi a un anno o della multa da euro 500 a euro 2.000 e la pena per le lesioni gravissime è della reclusione da uno a tre anni.

Se i fatti di cui al secondo comma sono commessi nell'esercizio abusivo di una professione per la quale e' richiesta una speciale abilitazione dello Stato o di un'arte sanitaria, la pena per lesioni gravi e' della reclusione da sei mesi a due anni e la pena per lesioni gravissime e' dell'organismo umano fino al prodursi dell'evento finale consistente in lesioni o morte rilevanti (ex degli artt. 590 e 589 c.p.) e che sia legata da un nesso causale ad una condotta che abbia determinato l'esposizione ad un fattore di rischio presente sul luogo di lavoro o nell'ambiente di lavoro o in occasione ed in relazione al lavoro.

4.3 Il 'sistema misto' dell'origine professionale

In origine le tecnopatie venivano riconosciute e indennizzate seguendo il sistema della lista, il rigido *sistema tabellare*, secondo cui soltanto le malattie dei settori industria e agricoltura ex Tabella allegato n. 4 dell'art. 3 T.U. e Tabella allegato n. 5 dell'art. 211 T.U. ricevevano protezione. Tabelle strutturate anche oggi, dopo gli aggiornamenti, sempre su tre colonne: nella prima compaiono le singole tecnopatie, nella seconda sono elencate le attività lavorative che espongono a rischio di insorgenza della malattia e nella terza è indicato il periodo massimo di indennizzabilità a decorrere dalla cessazione del rapporto di lavoro.

---

della reclusione da un anno e sei mesi a quattro anni.

Nel caso di lesioni di più persone si applica la pena che dovrebbe infliggersi per la più grave delle violazioni commesse, aumentata fino al triplo; ma la pena della reclusione non può superare gli anni cinque.

Il delitto è punibile a querela della persona offesa, salvo nei casi previsti nel primo e secondo capoverso, limitatamente ai fatti commessi con violazione delle norme per la prevenzione degli infortuni sul lavoro o relative all'igiene del lavoro o che abbiano determinato una malattia professionale.

Questa presunzione a carattere relativo di malattia di origine professionale agevolava il lavoratore assicurato che era praticamente escluso dall'onere della prova una volta dimostrato il solo collegamento lavoro- malattia, mentre restava (e resta ancora oggi) in capo all'INAIL l'onere di fornire l'eventuale prova contraria.

Nel tempo, parallelamente allo sviluppo di nuove e diverse lavorazioni, tecnologie produttive, tipologie, rapporti e contratti di lavoro, vi è stato un incremento e diversificazione dei fattori di rischio delle malattie professionali ed anche un grande progresso delle tecniche diagnostiche, principalmente nel settore della medicina del lavoro, che ha portato ad una più definita conoscenza dell'eziologia professionale di patologie precedentemente sconosciute o non riconosciute dalla tutela.

Tutto ciò ha portato la Corte Costituzionale, con la fondamentale **sentenza n. 179/1988**, a riconoscere che si era ormai alterato il rapporto tra il tipo di accertamento presuntivo e quello eziologico, rendendo di fatto limitativa la presunzione tabellare dal lato della individuazione delle nuove malattie e da quello dell'accertamento temporale fra causa- esposizione e manifestazione morbosa. Con tale sentenza la Corte ha dichiarato l'illegittimità costituzionale degli artt. 3, comma 1 e 211, comma 1 del T.U. nella parte in cui non prevedevano che *"l'assicurazione contro le malattie professionali nell'industria (e nell'agricoltura) è obbligatoria anche per malattie diverse da quelle comprese nelle tabelle allegate concernenti le dette* *malattie e da quelle causate da una lavorazione specificata o da un agente patogeno indicato nelle tabelle stesse, purché si tratti di malattie delle quali sia comunque provata la causa di lavoro",*

Con la successiva **sentenza 206/1988**, la Corte Costituzionale ha dichiarato, inoltre, l'illegittimità costituzionale dell'art. 135 del T.U., permettendo di provare secondo regole ordinarie l'eziologia professionale della malattia che si fosse manifestata anche oltre i tempi indicati nel sistema tabellate.

Queste due sentenze aprirono a nuove forme di riconoscimento di patologie extra tabellari e pur mettendo l'onere della prova a carico del lavoratore, diedero avvio, di fatto, ad una integrazione "caso per caso" delle stesse selettive tabelle determinando una aderenza fattuale alla realtà in evoluzione, portandoci nel nostro sistema regolamentare vigente il c.d. *sistema misto.*

Il **sistema misto**[15] prevede che per le malattie tabellate denunciate nel termine massimo di indennizzabilità, o denunciate anche tardivamente, a patto che il lavoratore provi che siano state contratte entro il termine massimo suddetto, si ha la presunzione di origine lavorativa; mentre al di fuori delle elencazioni tabellari, possono essere indennizzate quelle patologie di cui sia dimostrata - con onere della prova a carico del lavoratore- l'origine professionale.

Oltre le disposizioni speciali per la silicosi, l'asbestosi e patologie

---

15   INAIL Circolare n. 23/1988

oncologiche che non hanno termini massimi di denuncia all'Inail, una specificità riguarda le malattie previste in tabella ma ad eziologia plurima o multifattoriale, verso le quali il lavoratore per dare avvio alla presunzione di nesso causale dovrà dare la prova dell'idoneità dell'esposizione al rischio come causa della malattia.

Va tenuto ben presente che la valutazione del nesso causale per le malattie non tabellate o le tabellate contratte oltre il termine massimo di indennizzabilità dovrà avere i requisiti di ragionevole certezza ed un rilevante grado di probabilità dell'origine professionale della malattia.

Possiamo quindi considerare che la distinzione fatta dalla Corte tra malattie tabellate e non tabellate è soltanto di ordine probatorio, mentre sul piano indennitario non rileva alcuna differenza.

Sembra utile riportare uno stralcio della Circolare INAIL n. 23/1988:
La nuova disciplina introdotta dal mutato quadro legislativo può quindi così riassumersi:
1) malattie tabellate, provocate da lavorazioni tabellate e denunciate entro i termini massimi di indennizzabilità: resta in vigore la attuale normativa, con particolare riferimento al principio della presunzione legale di origine;
2) malattie tabellate, provocate da lavorazioni tabellate, denunciate dopo i termini massimi di indennizzabilità:
a) se il lavoratore dimostra che la malattia si è manifestata dentro i suddetti termini, fruisce della presunzione legale insita nel sistema

tabellare;

b) in mancanza di tale dimostrazione cade sul lavoratore l'onere di provare la natura professionale della malattia;

3) al di fuori delle previsioni tabellari, fermi restando i principi che presiedono alla assicurazione obbligatoria contro gli infortuni e le malattie professionali di cui sia dimostrata, con onere della prova a carico del lavoratore, la origine professionale.

Con riferimento all'onere della prova, la stessa INAIL, con la Circolare n. 29/1991[16] ha tenuto ad evidenziare che, se ai fini della tutela rimane sempre requisito essenziale l'esistenza di un rapporto causale, diretto ed efficiente, con lo specifico rischio lavorativo, questo *"non significa che nell'insorgenza della patologia denunciata, non possano avere concorso anche concause extralavorative, purché queste non risultino le sole responsabili dell'evento"*. Ne discende, che per le malattie di *origine plurifattoriale* o *non tabellate* rimane di determinante importanza, per un corretto giudizio medico-legale, che le alterazioni siano direttamente rapportabili alle attività lavorative cui si vogliono attribuire. A sottolineare che queste tipologie dovranno essere valutate caso per caso nella loro completa interezza.

Attualmente, pur restando in vigore le Tabelle, avendo a disposizione più dati e statistiche, oltre a tutte le segnalazioni che confluiscono nel

---

16   INAIL Circolare 29/1991

Registro delle Malattie Causate da Lavoro, si è passati ad un sistema valutativo più elastico che è quello fondato su leggi probabilistiche.

Questo sistema di condivisione possibile grazie alla *piattaforma informatica INAIL* permette di avere dati probabilistici e statistici omogenei per tutte le Commissioni medico-legali INAIL così da fornire "parità di valutazione e trattamento" alle patologie non tabellate e conoscenze curative e riabilitative costantemente aggiornate.

La piattaforma informatica INAIL è di aiuto anche alle parti richiedenti tutela potendo le stesse trovare tutta la normativa dell'Istituto dalle procedure, ai modelli, fino alle circolari, oltre a contatti e struttura dell'Istituto.

Come abbiamo in precedenza osservato, una tutela distinta è riservata ai casi di silicosi ed asbestosi, cui è dedicato l'art. 141 D.P.T. 1124/65 ed altre norme particolari, per le quali per la denuncia non è previsto un termine massimo di indennizzabilità dalla data di cessazione dell'attività rischiosa e la rendita per silicosi o asbestosi può essere revisionata per tutta la vita. Nel caso siano associate ad altre forme morbose dell'apparato respiratorio e cardiocircolatorio si procederà alla valutazione globale del danno. Queste tecnopatie originano altresì il diritto alla rendita di passaggio, ossia una prestazione economica accessoria che l'Istituto eroga per la durata di un anno, permettendo così al lavoratore di passare ad altro impiego che non comporti esposizione al rischio specifico, purché alla data dell'abbandono abbiano un grado di inabilità permanente compreso tra l'1% e l'80%, valutata sulla base alle tabelle allegate al d.p.r. 1124/1965 per i casi denunciati fino al 31 dicembre 2006, ovvero con un grado di menomazione dell'integrità psicofisica/danno biologico compreso tra l'1% e il 60%, valutata secondo le tabelle di cui al d.m. 12 luglio 2000 per i casi denunciati a decorrere dal 1° gennaio 2007.[17]

4.4. Il nesso causale

Il *nesso causale* che è il fondamento di ogni riconoscimento di eventi dannosi, si articola in maniera diversa in base al contesto in esame ed è il collegamento che si deve dimostrare tra un fatto incontrovertibile quale la tecnopatia o l'infortunio e la possibile causa.

L'ammissione del nesso causale può essere fornita anche per presunzioni, porta con se la regola del *"tutto o niente"*, ovvero che la relazione che lega un atto e l'evento che ne deriva o c'è o non c'è. Con tutte le conseguenze che ne discendono.

Esso stesso è regolato da dei criteri tassativi che sono di tipo: cronologico, topografico, di idoneità lesiva, di continuità fenomenologica e di esclusione di altra causa. Inoltre in sede civile si aggiunge il principio del caso più probabile, *id quod plerumque accidit*: ciò che accade più spesso, ciò che accade di solito.

---

17   INAIL Rendita di passaggio per Silicosi e Asbestosi

4.5 Il principio della "ragionevole certezza"

L'INAIL stesso, con Lettera circolare 16 febbraio 2006[18] ha indicato i "Criteri da seguire per l'accertamento della origine professionale delle malattie denunciate" ed ha dichiarato un elemento fondamentale del nesso di causalità che lega l'evento alla malattia professionale: il *principio della ragionevole certezza*. E infatti nella stessa possiamo leggere: *"L' impossibilità di raggiungere una assoluta certezza scientifica in ordine alla sussistenza del suddetto nesso causale non costituisce, peraltro, motivo sufficiente per escludere il riconoscimento della eziologia professionale.*

A questo fine, infatti, la giurisprudenza consolidata e concorde della Corte di Cassazione ritiene sufficiente la ragionevole certezza della genesi professionale della malattia.

Tale ragionevole certezza, che non può certamente consistere in semplici presunzioni desunte da ipotesi tecniche teoricamente possibili, deve ritenersi sussistente in presenza di un elevato grado di probabilità dell'etiopatogenesi professionale, desumibile anche da dati epidemiologici e dalla letteratura scientifica."

L'INAIL, quindi, è giunto a riconoscere una tutela molto ampia ed aderente allo sviluppo medico - scientifico, tanto da poter parlare di

---

18 LETTERA CIRCOLARE 16 febbraio 2006 ISTRUZIONE OPERATIVA

un affievolimento nella distinzione tra infortuni e tecnopatie ed estensione della tutela, visto che sono coperte dalla tutela anche patologie semplicemente occasionate dal lavoro, le "malattie non strettamente professionali", a conferma che ormai conta il rischio di lavoro considerato in sé e per sé e non più il rischio specifico collegato a determinate lavorazioni; una prevenzione e valutazione del rischio tipicamente soggettiva, enunciata dal principio del *più probabile che non*.

Soggettività che ritroviamo nelle norme del D.Lgs 81/2008 TUSL.

Lo stesso INAIL, riguardo alla nozione di occasione di lavoro, ha specificato: *"l'ampia e sempre più comprensiva nozione di occasione di lavoro cui è approdata la giurisprudenza costituzionale e di legittimità consente di affermare che lo svolgimento di 'attività protette', sebbene continui a definire l'ambito dei beneficiari delle garanzie assicurative, non delimita però la sfera di operatività della tutela che si estende (...) a tutti i rischi riconducibili alle finalità ed alle condizioni lavorative (...) Tale criterio si applica indipendentemente dal tipo di attività per la quale il lavoratore è assicurato in quanto, diversamente operando, si verrebbe a determinare una disparità di trattamento tra lavoratori assicurati difficilmente giustificabile"*[19].

Con interventi per lo più di matrice giurisprudenziale, la protezione delle malattie professionali ha quindi subito un'importante

---

19 INAIL Circolare 8 luglio 1999

evoluzione. La "causa lavoro" oggi è intesa in senso molto ampio, al punto che sono protetti tutti i danni collegati, non solo direttamente ma anche indirettamente all'attività lavorativa. Il concetto di 'causa di lavoro' inizia a non essere più divergente da quello di "**occasione di lavoro**", che si ha non solo quando l'attività lavorativa sia stata causa dell'infortunio, ma anche quando essa lo abbia in qualche modo favorito.

Tant'è che anche il concetto di *rischio ambientale* è stato rivisto con l'estensione all'intero contesto lavorativo, includendo nella tutela elementi di rischio estranei al controllo del datore di lavoro (es. il fumo passivo).

Si può arrivare a sostenere con maggior forza, che oggi la differenza più rilevante tra infortunio sul lavoro e tecnopatia rileva nella fase della decisione dell'indennizzo, visto che per quanto riguarda l'infortunio, prima si accerta se l'evento è meritevole di tutela e successivamente si vanno a valutare le conseguenze indennizzabili; mentre nel caso di malattia vengono prima accertati i danni per poi verificare se gli stessi siano ricollegabili al lavoro e quindi indennizzabili.

CAPITOLO SECONDO

LE FORME DI RICONOSCIMENTO AMMINISTRATIVO-OBBLIGATORIO DI MALATTIE (TECNOPATIE) E INFORTUNI SUL LAVORO

1. L'assicurazione obbligatoria INAIL

Il lavoratore rientrante nelle tutele derivanti dall'obbligo assicurativo, in caso di infortunio o malattia professionale, è tutelato dall'Inail con prestazioni sanitarie, riabilitative, economiche ed integrative contro i danni fisici ed economici derivanti da infortuni sul lavoro e malattie professionali

L'assicurazione obbligatoria INAIL contro gli infortuni sul lavoro e le malattie professionali è un'assicurazione sociale con funzione esclusivamente indennitaria (e non risarcitoria) e l'indennizzo dovuto dall'Ente assicuratore non può mai superare l'importo del danno sofferto dall'assicurato.

Le prestazioni assicurative fornite variano a seconda del tipo di inabilità e del verificarsi della guarigione oppure della morte.

Esse consistono in:

- un'indennità giornaliera per l'inabilità temporanea, pari al 60% della retribuzione media giornaliera fino al 90° giorno e del 75° dal 91° giorno fino alla guarigione;

- una rendita per l'inabilità permanente, in funzione del grado di

35

menomazione accertato e dell'età del danneggiato;

- un assegno per l'assistenza personale continuativa;

- una rendita ai superstiti e un assegno una tantum (una volta soltanto) in caso di morte;

- le cure mediche e chirurgiche, compresi gli accertamenti clinici;

- la fornitura degli apparecchi di protesi.

Essa è regolata dalle norme contenute nel D.P.R. 1124/1965 (il *Testo Unico sull'assicurazione contro gli infortuni sul lavoro le malattie professionali*) e da disposizioni speciali volte principalmente ad estendere la tutela alle nuove categorie di lavoratori degne di "attenzione".

Si possono ad esempio ricordare, la Legge 493/1999 che ha introdotto l'assicurazione contro gli infortuni domestici ed il D.Lgs. 38/2000 che ha esteso l'obbligo assicurativo per i parasubordinati, dirigenti e sportivi professionisti e, ponendo al centro del sistema il danno alla persona del lavoratore, con l'art. 13 ha introdotto il concetto di danno biologico.

Dal 2000 l'INAIL usa come parametro indennitario il **danno biologico**, inteso come ***lesione all'integrità psicofisica della persona***. Questo tipo di danno tiene conto dell'età dell'infortunato, ma è indipendente dalla capacità di produzione del reddito e l'ammontare viene quantificato in base a una specifica "tabella delle menomazioni" che è comprensiva degli aspetti dinamico-relazionali e dunque del pregiudizio alla capacità di movimento ed alla vita familiare e sociale del danneggiato.

Il danno viene considerato come una alterazione dell'aspetto psicofisico della persona.

Ad assicurare la presa in carico del lavoratore da parte dell'INAIL è il c.d. 'Principio di automaticità delle prestazioni', ex art. 67 del D.P.R. 1124/65: *"gli assicurati hanno diritto alle prestazioni da parte dell'istituto assicuratore anche nel caso in cui il datore di lavoro non abbia adempiuto agli obblighi stabiliti"*, e quindi fin dall'inizio dell'attività lavorativa a prescindere dall'effettivo versamento dei contributi nel momento in cui il soggetto incorre in eventi dannosi di origine professionale.

All'interno di quello che viene definito un sistema di tutela 'globale ed integrativo' [20], oltre ad indennizzare il danno subito, all'Inail è stata sempre riconosciuta la più ampia funzione di completa tutela del lavoratore, con provvedimenti volti alla cura, alla riabilitazione ed al reinserimento del lavoratore infortunato o tecnopatico nella via sociale e lavorativa. Altra importante funzione che fa capo all'Istituto è quella della prevenzione.

La globalità di queste attività fa comprendere meglio il concetto e la finalità della "presa in carico del lavoratore" da parte dell'Inail.

Finalità di una tutela che ha solo in ultima ratio l'ambito più conosciuto e da un punto di vista personale forse più sentito: il lato

---

20   da Guida alle prestazioni INAIL

economico, la c.d. "pensione".

La presa in carico del lavoratore e la conseguente valutazione medico-legale sulla sua attitudine al lavoro ed alle attività confacenti alla sua funzione ha invece un rilievo di carattere sociale che con interventi specifici, supportati da equipe mediche interdisciplinari, attività di riabilitazione anche neurifunzionale, mira al suo reinserimento lavorativo e sociale evitandone l'emarginazione.

Tali attività ricadono direttamente o indirettamente in capo a più soggetti, sia con ruoli attivi che con ruoli passivi: il lavoratore stesso, il datore di lavoro e soggetti terzi anche estranei al rapporto.

Tutto ciò in conformità di quanto espresso dall'Organizzazione mondiale della sanità sulla *tutela della salute*, che è rappresentato come: *"uno stato di completo benessere fisico, mentale e sociale e non solamente l'assenza di malattia o di inabilità, ovvero una condizione di armonico equilibrio funzionale, fisico e psichico dell'organismo dinamicamente integrato nel suo ambiente naturale e sociale"*[21], e dall'ambiente sociale non può ritenersi escluso il contesto lavorativo e collaborativo con tutti gli interessi e stimoli estesi alla socialità.

Alla luce di tale impostazione, per benessere fisico non deve quindi intendersi una mera condizione statica, ma al contrario, un *quid* in continua evoluzione a seconda del contesto storico e sociale.

---

21   LAZZARO A., *La tutela della salute nel sistema costituzionale italiano: valutazioni critiche,* tratto da XVIII° Corso di formazione e aggiornamento in diritto, tecnica e controllo sugli alimenti.

Salute, pertanto, intesa come uno dei valori fondamentali del sistema giuridico, ossia del raggiungimento di una migliore qualità della vita, non solo sotto il profilo relativo alle funzioni biologiche in senso stretto, ma anche sotto il profilo legato alle capacità logiche, affettive e relazionali. Per tale ragione, sono stati inclusi nell'alveo del diritto generale del diritto alla salute[22], il diritto all'assistenza sanitaria, nonché il diritto alla salubrità dell'ambiente e alla salubrità e sicurezza, più in particolare, dell'ambiente lavorativo[23].

E' opportuno ricordare che i lavoratori, per lo svolgimento delle pratiche possono richiedere l'assistenza dei Patronati che, per legge, tutelano i diritti anche dei lavoratori infortunati in forma del tutto gratuita e che a maggior tutela del lavoratore infortunato, è stata stipulata una Convenzione tra Inail e Inps, che nei casi di dubbio sulla natura dell'infermità denunciata come infortunio sul lavoro o malattia professionale, garantisce comunque l'erogazione delle prestazioni.

Il D.lgv. 81/08 (come modificato dal D.lgv. 106/09) ha confermato in capo all'INAIL le competenze in merito agli "accertamenti, alle certificazioni e ad ogni altra prestazione medico-legale sui lavoratori infortunati e tecnopatici", dotando l'Istituto di competenze in materia

---

22 Cass. Civile, Sez. Un., 6 ottobre 1979 n. 5172

23 CANGELOSI, *Sanità partecipata e salute del minore*, in Dir. famiglia 2010, 03, 1441 17 BOSK, *Health and Disease. III. Sociological Perspecives, in Encyclopedia of Bioethics*, 3rd Ed., 2, 1092 e ss. Luciani, *Il diritto costituzionale alla salute*, in Dir. soc., 1980, 769 ss.

sanitaria proprie e dirette concorrenti con quelle del Servizio sanitario nazionale. Questo ha portato alla stipula, il 2 febbraio 2012 di un accordo quadro in sede di conferenza permanente Stato-Regioni per definire le modalità di erogazione delle prestazioni.

Prestazioni che sono di tipo:

- economico;

- sanitarie e socio-sanitarie;

- integrative.

Per la valutazione medico-legale l'Istituto può ricorrere ad accertamenti specialistici da effettuarsi all'esterno dello stesso presso Centri specializzati accreditati e dotarsi dell'ausilio di specialisti del settore.

La Commissione medico legale può quindi sospendere la propria valutazione fino all'ottenimento di tutti gli approfondimenti richiesti sia di ordine medico che di ispezione e verifica del nesso di causalità, ed emettere la propria valutazione sia in conformità del c.d. metodo Tabellare, sia con il c.d. sistema misto operando come disposto nella circolare INAIL n. 23/1988.

Quanto alle prestazioni socio sanitarie erogate (cure ambulatoriali, cure integrative riabilitative, assistenza protesica, interventi per il sostegno al reinserimento nella vita di relazione, dispositivi ed interventi per il recupero dell'autonomia) queste possono essere eventualmente demandate a centri sanitari accreditati.

Restano esclusivamente in gestione ed erogazione diretta dell'Istituto quelle a carattere economico (l'indennità giornaliera per inabilità temporanea assoluta, la rendita diretta per inabilità permanente, l'indennizzo per la lesione dell'integrità psicofisica ovvero il danno biologico l'integrazione della rendita diretta prestazioni per infortunio in ambito domestico, la rendita di passaggio per silicosi e asbestosi, la rendita ai superstiti, la prestazione una tantum ai superstiti l'assegno funerario, l'assegno per assistenza personale continuativa lo speciale assegno continuativo mensile...) e quelle a carattere integrativo-assistenziale (l'assegno di incollocabilità, l'erogazione integrativa di fine anno ed il brevetto e distintivo d'onore).

L'INAIL stesso ha due centri di eccellenza riconosciuti a livello internazionale, attraverso i quali eroga prestazioni protesiche e riabilitative:

- attraverso il Centro Protesi di Vigorso di Budrio, eroga prestazioni anche per:

cittadini di tutto il territorio nazionale assistiti dal Ssn;

persone con disabilità provenienti anche da Paesi esteri;

persone con disabilità anche particolarmente gravi, affetti da patologie congenite e/o traumatiche, pluriamputati, mielolesi e amputati per vascolopatie;

- e attraverso il Centro di riabilitazione motoria di Volterra, eroga prestazioni anche per:

cittadini di tutto il territorio nazionale assistiti dal Ssn;

persone con disabilità provenienti anche da Paesi esteri;

persone con disabilità anche particolarmente gravi, affetti da patologie muscoloscheletriche, politraumi, ricostruzioni chirurgiche dei tendini della mano, ricostruzioni legamentose del ginocchio e della spalla , artroprotesi, lesioni nervose periferiche, traumi vertebro-midollari.[24]

Sia in caso di malattia professionale, che di infortunio va tenuto presente il principio di valutazione del danno dato dallo stesso D.P.R. 1124/64, che definisce *come indennizzabile la riduzione della attitudine al lavoro intesa come inabilità permanente totale o parziale*.

Ciò che viene tecnicamente valutato è proprio la riduzione della capacità lavorativa dell'assicurato nell'ambito delle *"occupazioni confacenti alle proprie attitudini"* (...) Si tratta quindi di valutare l'effettiva riduzione dell'efficienza psico-motoria dell'assicurato ad espletare non solo l'attività espressamente dallo stesso svolta, ma anche tutto ciò che afferisce alla sfera bio-attitudinale del soggetto, ovvero le attività svolte in passato nelle quali ha acquisito una certa

---

24 https://www.inail.it/cs/internet/attivita/prestazioni.html

abilità, l'età ai fini di una ricollocazione lavorativa, il titolo di studio, la preparazione professionale.

La differenziazione delle procedure amministrative di riconoscimento della tutela Inail, tra infortuni e tecnopatie, comporta che queste vengano trattate separatamente.

2. La procedura amministrativa di riconoscimento delle malattie professionali (le tecnopatie)

L'iter per il riconoscimento della malattia professionale è dettagliatamente procedimentalizzato e pone in capo ai soggetti coinvolti, il lavoratore, il medico, il datore di lavoro, l'Istituto e in alcuni casi l'autorità giudiziaria, dei precisi obblighi ed ha inizio con la redazione del certificato medico attestante la malattia e la presunta origine lavorativa della stessa.

Ottenuto il certificato medico di infortunio (Mod. 1SS New Mal/Inf[25]) comprovante la malattia, il lavoratore ha l'obbligo di darne notizia al datore di lavoro con la trasmissione della denuncia di malattia entro 15 giorni da quando si è manifestata, trasmettendola con modalità tali da attestarne la ricezione da parte dello stesso datore.

Nella denuncia di malattia devono essere riportati i riferimenti del certificato di malattia professionale e, in caso di prosecuzione delle cure, i riferimenti dei certificati compilati dal medico curante e già trasmessi telematicamente all'Inail.

Se il lavoratore, al momento della certificazione della malattia, non svolge più attività lavorativa o non la svolge più alle dipendenze di quel datore di lavoro, può presentare direttamente all'Inail la domanda di riconoscimento della malattia professionale.

---

25 https://www.inail.it/cs/internet/docs/alg-modulocertificatoinfortunio-assicurato-1ss-infortunato_6443176744700.pdf?section=atti-e-documenti

Una specificità si presenta nei casi di malattie da silicosi, asbestosi ed oncologiche, che a causa del loro lungo ed incerto periodo di latenza e manifestazione non hanno limiti temporali di presentazione della denuncia di malattia ma solo la prova del nesso di causalità (causa lavoro).

Il certificato medico redatto in triplice copia riporta oltre al numero identificativo, anche 'l'anagrafica del lavoratore', il 'rapporto di lavoro', la 'descrizione dell'infortunio dichiarata dal lavoratore', i 'dati sanitari' ed i 'dati del medico certificatore'.

Al medico è altresì fatto obbligo di fare denuncia/segnalazione delle malattie di probabile/possibile origine lavorativa, dandone comunicazione all'Ispettorato del Lavoro competente, alla banca dati Inail attraverso la trasmissione sempre in via telematica del Mod. 92 bis[26], così da implementare e rendere sempre più aggiornato il database statistico-probabilistico delle malattie e le cause-effetto delle stesse anche da un punto di vista occupazionale e territoriale.

Dal momento in cui ne ha avuto notizia (per ricevimento del certificato o in altro modo) sul datore di lavoro ricade l'obbligo di darne, nel tempo limite di 5 giorni, comunicazione all'Inail in via telematica a mezzo del Mod. 101 R.A[27]. (per i marittimi è in uso il Mod. 101 R.A. Nav).

---

26   https://www.inail.it/cs/internet/docs/mod-92-bis.pdf?section=servizi-per-te
27   https://www.inail.it/cs/internet/docs/
     mod101ra_ucm_portstg_115188_2443085456169.pdf?section=atti-e-documenti

L'Inail una volta ricevuta la denuncia della malattia di probabile origine professionale, la trasmette alla propria sezione territorialmente competente per la valutazione della tecnopatia da parte della Commissione medico-legale locale.

E' l'Inail stessa, che avendo competenze in materia sanitaria proprie e dirette concorrenti con quelle del Servizio sanitario nazionale, a verificare e certificare l'effettiva origine professionale della malattia ed a tal fine il lavoratore viene convocato nella sede Inail di competenza territoriale, che in *favor lavoratoris* è quella dove il lavoratore, o ex lavoratore, ha stabilito il proprio domicilio residenza, per essere sottoposto a visita dinanzi una commissione medico-legale di accertamento che valuta anche in base alla documentazione sanitaria prodotta o, in mancanza, richiesta.

L'INAIL e l'autorità giudiziaria possono accedere alla Cartella Clinica del lavoratore che ha valore fino a prova contraria ed ha rilievi sanitari ed amministrativi.

Ricordiamo che ai fini di una valutazione del danno e del riconoscimento del nesso causale, sono fondamentali specificati documenti quali la cartella clinica, la ricetta, la cartella sanitaria e di rischio dei lavoratori, il DOSP (Documento Sanitario Personale) e la Scheda sanitaria individuale del medico di famiglia.

La norma prevede che il lavoratore può farsi rappresentare ed assistere gratuitamente da un patronato presso cui elegge domicilio (Mod. 1 P[28]) ed assistere da un medico di fiducia.

L'INAIL va a verificare il fattore di rischio del tipo di lavorazione e l'esposizione al rischio del lavoratore; fa un discorso molto articolato di verifica-riconoscimento.

La valutazione va fatta sullo specifico lavoratore, va "cucita sulla persona" contestualizzando all'effettivo accadimento degli eventi.

Come abbiamo visto le malattie professionali possono essere tabellate o non tabellate, ed è dentro questo perimetro di 'sistema misto'[29] che la commissione medico-legale deve sviluppare le proprie valutazioni che saranno poi riportate nel verbale medico (oggi redatto in formato elettronico), dove saranno registrati tutti i dati della visita e le conclusioni a cui la commissione, a seguito degli accertamenti, è pervenuta.

L'esito della visita medica potrà essere di accoglimento della domanda e quindi del riconoscimento della malattia professionale (sub **A**) e relative prestazioni riconosciute (di tipo socio-sanitario, integrativo o economico-indennitario) o con il rigetto (sub **B**) della medesima e

---

28 https://www.inail.it/cs/internet/atti-e-documenti/moduli-e-modelli/prestazioni/interventi-del-patronato.html

29 INAIL Circolare n. 23/1988

quindi con il mancato riconoscimento della malattia di origine professionale.

- La valutazione della commissione medico-legale interna Inail porta a due scenari:

A) Con il riconoscimento della malattia professionale, oltre le prestazioni di assistenza socio-sanitaria, qualora questa impedisca al lavoratore di tornare a lavorare, l'Inail corrisponde al lavoratore stesso un'indennità dal quarto giorno successivo alla manifestazione della malattia (la giornata di lavoro in cui si è manifestata la malattia è pagata per intero dal datore di lavoro, che provvederà a pagare, al 60% della retribuzione, le successive tre giornate), così retribuita:
- 60% della retribuzione media giornaliera per i primi 90 giorni;
- 75% della retribuzione media giornaliera dal 91° giorno fino alla guarigione.

L'indennità viene calcolata sulla retribuzione corrisposta al dipendente nel 15 giorni prima dell'evento.

Se il dipendente ha riportato un danno biologico, l'indennità di malattia professionale cambia e si ha diritto ad un indennizzo Inail tarato sulla base della percentuale di danno biologico calcolato sulla base delle c.d. Tabelle di Milano.

Il termine di prescrizione per la denuncia all'Inail è di 3 anni e 150 giorni aventi inizio dal giorno di manifestazione della malattia.

L'Inail al termine del periodo di inabilità temporanea assoluta, può invitare il lavoratore a sottoporsi a visita medico-legale per accertare e quantificare il danno permanente derivante dalla malattia professionale, i c.d. postumi.

In questo caso si hanno due distinti parametri di valutazione dettati da un limite temporale dato dall'introduzione della valutazione per danno biologico:
a) eventi antecedenti il 25 luglio 2000:
- se la diminuita o perduta attitudine al lavoro, espressa come inabilità permanente, è di grado accertato compreso fra l'11% e il 100%, il lavoratore ha diritto alla rendita Inail;
- se la diminuita o perduta attitudine al lavoro espressa come inabilità permanente, è di grado accertato inferiore all'11%, il lavoratore non ha diritto alla rendita Inail.
La revisione del grado di inabilità può essere chiesta proponendo domanda in caso di successivo aggravamento, alla Sede Inail di appartenenza entro 15 anni dalla data di manifestazione della malattia professionale.
Le malattie professionali causate da inalazione di polvere di silicio (silicosi) o da inalazione di polvere di amianto (asbestosi), o da

radiazioni ionizzanti, mantengono l'assenza di limiti decadenziali e quindi anche la domanda di revisione può essere chiesta senza alcun limite di tempo.

b) eventi occorsi a decorrere dal 25 luglio 2000:

se la menomazione dell'integrità psicofisica (danno biologico) è:

- di grado inferiore al 6%, il lavoratore non ha diritto ad alcun indennizzo. In caso di successivo aggravamento è possibile chiedere l'indennizzo in capitale se la menomazione si è aggravata raggiungendo o superando il 6% o la costituzione della rendita se la menomazione ha raggiunto il grado indennizzabile in rendita, entro 10 anni dalla data dell'infortunio o 15 dalla denuncia della malattia professionale;

- di grado compreso tra il 6% ed il 15%, il lavoratore ha diritto all'indennizzo in capitale del solo danno biologico. Come nel caso precedente in caso di successivo aggravamento è possibile chiedere l'adeguamento dell'indennizzo in capitale già concesso o la costituzione della rendita 15 dalla denuncia della malattia professionale.

- di grado compreso tra il 16% ed il 100%, il lavoratore ha diritto a una rendita composta di due quote, di cui una per danno biologico e una quota aggiuntiva per le conseguenze patrimoniali della menomazione.

Sono da tenere in grande considerazione i c.d. *cascami di validità*, ovvero quelle percentuali di invalidità rimaste nella soglia di franchigia, che, in caso di altre malattie o aggravamenti, andandosi a sommare ad altre percentuali consentono di innalzare il punteggio.

Revisioni della rendita attraverso visite medico legali, possono essere disposte, nel termine di 15 anni dalla decorrenza della rendita, sia dall'Inail (revisione attiva) che a richiesta dai lavoratori tecnopatici (revisione passiva), ad es. in caso di aggravamento. L'esito della visita di revisione può essere di conferma, aumento o anche di diminuzione del grado di menomazione dell'integrità psicofisica indennizzato con i conseguenti adeguamenti delle tutele.

La prima visita può essere effettuata:
- dopo sei mesi dalla data di cessazione del periodo di inabilità temporanea assoluta;
- dopo un anno dalla data di presentazione della denuncia della malattia, nei casi in cui non vi sia stata astensione dal lavoro;
- le successive revisioni non possono essere effettuate a distanza inferiore a un anno dalla precedente.
L'ultima visita deve essere effettuata allo scadere dei 15 anni dalla data di decorrenza della rendita.
Nel rispetto dei tempi sopra indicati, il lavoratore può presentare alla Sede Inail di appartenenza la richiesta di revisione, accompagnata da

certificato medico. L'esito della visita viene comunicato all'interessato per lettera. Il lavoratore può presentare ricorso alla stessa Sede.

B) Se il lavoratore si vede respingere dall'Inail la richiesta di riconoscimento delle tutele (e conseguente indennizzo) o nel caso in cui riceve una valutazione della menomazione troppo bassa in relazione alla patologia riportata, oppure quando il lavoratore infortunato non è d'accordo sul termine di cessazione dell'indennità per inabilità temporanea, può procedere presentando una opposizione amministrativa richiedendo una ulteriore visita, la c.d. Collegiale medica Inail (Vd. Par. 4).

3. La procedura amministrativa di riconoscimento infortuni

L'iter per il riconoscimento degli infortuni sul lavoro è incardinato intorno alla puntuale definizione di *infortunio*, esplicitata nell'art. 2 D.P.R. n. 1124 del 1965 e che riconduce sotto la protezione dell'assicurazione obbligatoria *"tutti i casi di infortunio avvenuti per causa violenta in occasione di lavoro, da cui sia derivata la morte o l'inabilità permanente al lavoro, assoluta o parziale, ovvero un'inabilità temporanea assoluta che comporti l'astensione dal lavoro per più di tre giorni"* ed è è anch'esso dettagliatamente normato e procedimentalizzato.

Al verificarsi di un infortunio sul lavoro scattano di precisi obblighi di legge in capo al lavoratore, al sanitario, al datore di lavoro ed eventualmente all'autorità giudiziaria:

sul lavoratore infortunato (se è nelle condizioni psicofisiche di farlo, altrimenti tale compito è demandato ai sanitari) grava l'obbligo di informare immediatamente il proprio datore di lavoro di qualsiasi infortunio gli sia capitato, anche se di lieve entità, diversamente perde il diritto all'indennità per i giorni precedenti a quello in cui il datore stesso ha avuto notizia dell'infortunio, di recarsi immediatamente al pronto soccorso di zona e di comunicare subito al datore di lavoro i riferimenti del primo certificato medico (numero identificativo del certificato, data di rilascio e periodo di prognosi) e degli eventuali successivi (che pervengono telematicamente all'Inail).

Nel caso in cui il lavoratore non disponga del numero identificativo del certificato medico, deve fornire al datore di lavoro copia cartacea del certificato stesso.

Nel caso in cui il titolare artigiano non abbia la possibilità di provvedere alla denuncia, è fatto obbligo al sanitario che ha prestato le prime cure informare l'Inail.

Altresì la struttura sanitaria che ha refertato i danni fisici patiti dal lavoratore deve trasmettere per via telematica il primo certificato medico di infortunio presso la competente sede Inail.

Se la certificazione medica riporta una prognosi di almeno un giorno sul datore di lavoro grava l'obbligo di inviare telematicamente all'Inail entro 48 ore e per soli fini statistici, la comunicazione dei dati dell'infortunio, corredata dei riferimenti del certificato (numero identificativo, data di rilascio ed eventuale periodo di prognosi);
se invece le conseguenze dell'infortunio non sono guaribili entro tre giorni, il datore ha l'obbligo di inviare all'Inail telematicamente entro due giorni la denuncia ai fini assicurativi[30], corredata dei suddetti riferimenti del certificato.

Nell'ambito di un rapporto di lavoro irregolare (in nero), resta onere del lavoratore presentare una denuncia di infortunio sul lavoro presso la sede Inail o quella dell'Ispettorato territoriale del lavoro, oltre una richiesta di risarcimento danni verso il datore di lavoro.

Con l'invio telematico della denuncia di infortunio si intende assolto l'obbligo, per il datore di lavoro, di denunciare all'autorità di Pubblica Sicurezza gli infortuni mortali o con prognosi superiore a trenta giorni.

In caso di inerzia del datore di lavoro, il lavoratore può denunciare egli stesso l'infortunio.

In caso di infortunio mortale, o per il quale si prevede la morte, la

---

30 https://www.inail.it/cs/internet/atti-e-documenti/moduli-e-modelli/prestazioni/
denuncia-infortunio.html

denuncia deve essere fatta entro le ventiquattro ore dall'evento con qualunque mezzo che consenta di comprovarne l'invio.

Ricevuta la denuncia la valutazione è sempre demandata alla Commissione medico legale territorialmente competente che, esaminata la necessaria documentazione sanitaria e riscontrati gli elementi integranti del danno da infortunio - che secondo quanto stabilito dall'art. 2 del T.U. sono la causa violenta, la lesione e l'occasione di lavoro - verifica la presenza dei requisiti previsti dall'assicurazione (inabilità temporanea assoluta per un periodo superiore a tre giorni ovvero la morte) e procede agli accertamenti ritenuti necessari attraverso la richiesta di ulteriori notizie al datore di lavoro, al lavoratore, ad altri dipendenti.

Il concetto di "occasione di lavoro" richiede che vi sia un nesso causale tra il lavoro e il verificarsi dei rischio cui può conseguire l'infortunio. Il rischio considerato è quello specifico, determinato dalla ragione stessa del lavoro[31].

L'Inail dispone anche accertamenti ispettivi o può richiede l'inchiesta amministrativa all'Ispettorato territoriale del lavoro.

Nei casi mortali può richiedere l'autopsia e/o prendere in esame il certificato necroscopico.

---

31   https://www.lavoro.gov.it/temi-e-priorita/previdenza/focus-on/Assicurazione-contro-infortuni-sul-lavoro-e-malattie-professionali/Pagine/Infortunio-sul-lavoro.aspx

Il lavoratore, prima della scadenza della prognosi indicata nel certificato del pronto soccorso, deve recarsi presso i competenti ambulatori Inail per ottenere la certificazione medica da consegnare al datore di lavoro.

E' facoltà dei medici Inail di fissare nuovi appuntamenti per le cure del caso e disporre la continuazione dell'inabilità temporanea, prescrivendo anche gli esami strumentali del caso da effettuare presso strutture accreditate e predisponendo eventuali successivi certificati medici da trasmettere al datore di lavoro.

L'esito della visita medica e delle verifiche del personale ispettivo dell'Inail potrà essere di accoglimento della domanda e quindi del riconoscimento dell'infortunio sul lavoro (sub **A**) e relative prestazioni riconosciute (di tipo socio-sanitario, integrativo o economico-indennitario) o con il rigetto (sub **B**) della medesima e quindi con il mancato riconoscimento dell'infortunio sul lavoro.

A) Al termine delle verifiche da parte del personale ispettivo dell'Inail con riconoscimento dell'infortunio sul lavoro, al lavoratore spetteranno tutte le tutele previste dall'Istituto per un normale caso di infortunio sul lavoro e quindi anche il risarcimento del danno biologico da infortunio sul lavoro e del danno differenziale quando l'infortunio è avvenuto per responsabilità del datore di lavoro.

La percentuale del risarcimento del danno differenziale ricomprende quella del danno subito dal lavoratore che non è direttamente indennizzabile dall'Inail poiché nella fascia di franchigia fino al 5% e la percentuale di invalidità temporanea e morale non riconosciuta. In conclusione, il datore di lavoro sarà responsabile per il maggior danno subito dal lavoratore non indennizzato dall'Inail ma risarcibile in sede di giudizio civile.

Saranno gli stessi medici Inail a certificare lo stato di guarigione procedendo alla 'chiusura infortunio Inail' inviando una comunicazione, la c.d. *'Prospetto di liquidazione indennità e rimborso spese'*, con la specifica dei giorni totali di inabilità dall'Inail riconosciuti ed indennizzati e se la menomazione così come accertata dia diritto ad un indennizzo in conto capitale o ad una rendita diretta (secondo la Tabella del danno biologico Inail).

Nella stessa comunicazione l'Inail ricorda la possibilità di procedere, entro tre anni dal giorno dell'infortunio (!), con il ricorso alla Collegiale medica in dissenso alla durata della inabilità temporanea, alla misura o alla assenza della menomazione permanente.

Anche in questo caso è prevista la revisione della rendita: entro 10 anni dalla data di decorrenza del danno permanente la revisione (con visita medico-legale) può essere disposta dall'Inail su richiesta dell'interessato.

La prima visita di revisione può essere effettuata non prima di un anno dalla data dell'infortunio e non prima di sei mesi dalla data di decorrenza della rendita.

Le visite successive possono essere effettuate: non prima di un anno dalla precedente (nei primi quattro anni il lavoratore può essere sottoposto a visita al massimo quattro volte); dopo i primi quattro anni sono possibili altre due revisioni dalla decorrenza della rendita: alla scadenza del settimo anno; alla scadenza del decimo anno.

L'ultima visita deve essere effettuata allo scadere dei dieci anni dalla data di decorrenza della rendita.

Con il riconoscimento dell'infortunio, qualora questo impedisca al lavoratore di tornare a lavorare, l'Inail corrisponde allo stesso un'indennità dal quarto giorno successivo all'infortunio (la giornata di lavoro in cui si è manifestata l'infortunio è pagata per intero dal datore di lavoro, che provvederà a pagare, al 60% della retribuzione, le successive tre giornate), così retribuita:

- 60% della retribuzione media giornaliera per i primi 90 giorni;

- 75% della retribuzione media giornaliera dal 91° giorno fino alla guarigione.

L'indennità viene calcolata sulla retribuzione corrisposta al dipendente nel 15 giorni prima dell'evento.

Il termine di prescrizione per la denuncia all'Inail è di 3 anni e 150 giorni aventi inizio dal giorno dell'accadimento.

L'Inail al termine del periodo di inabilità temporanea assoluta, può invitare il lavoratore a sottoporsi a visita medico-legale per accertare e quantificare il danno permanente derivante dall'infortunio.

In questo caso si hanno due distinti parametri di valutazione dettati da un limite temporale dato dall'introduzione della valutazione per danno biologico:

a) eventi antecedenti il 25 luglio 2000:

- se la diminuita o perduta attitudine al lavoro, espressa come inabilità permanente, è di grado accertato compreso fra l'11% e il 100%, il lavoratore ha diritto alla rendita Inail;

- se la diminuita o perduta attitudine al lavoro espressa come inabilità permanente, è di grado accertato inferiore all'11%, il lavoratore non ha diritto alla rendita Inail.

Può essere chiesta una revisione del grado di inabilità, proponendo domanda in caso di successivo aggravamento, alla Sede Inail di appartenenza entro 15 anni dalla data dell'infortunio.

b) eventi occorsi a decorrere dal 25 luglio 2000:

se la menomazione dell'integrità psicofisica (danno biologico) è:

- di grado inferiore al 6%, il lavoratore non ha diritto ad alcun indennizzo. In caso di successivo aggravamento è possibile chiedere l'indennizzo in capitale se la menomazione si è aggravata raggiungendo o superando il 6% o la costituzione della rendita se la menomazione ha raggiunto il grado indennizzabile in rendita, entro 10 anni dalla data dell'infortunio o 15 dalla denuncia della malattia professionale;

- di grado compreso tra il 6% ed il 15%, il lavoratore ha diritto all'indennizzo in capitale del solo danno biologico. Come nel caso precedente in caso di successivo aggravamento è possibile chiedere l'adeguamento dell'indennizzo in capitale già concesso o la costituzione della rendita 15 dalla denuncia dell'infortunio;

- di grado compreso tra il 16% ed il 100%, il lavoratore ha diritto a una rendita composta di due quote, di cui una per danno biologico e una quota aggiuntiva per le conseguenze patrimoniali della menomazione.

Revisioni della rendita attraverso visite medico legali, possono essere disposte, nel termine di 15 anni dalla decorrenza della rendita, sia dall'Inail (revisione attiva) che a richiesta dai lavoratori infortunati (revisione passiva), ad es. in caso di aggravamento. L'esito della visita di revisione può essere di conferma, aumento o anche di diminuzione del grado di menomazione dell'integrità psicofisica indennizzato con i conseguenti adeguamenti delle tutele.

La prima visita può essere effettuata: dopo sei mesi dalla data di cessazione del periodo di inabilità temporanea assoluta;

dopo un anno dalla data di presentazione della denuncia dell'infortunio, nei casi in cui non vi sia stata astensione dal lavoro;

le successive revisioni non possono essere effettuate a distanza inferiore a un anno dalla precedente.

L'ultima visita deve essere effettuata allo scadere dei 15 anni dalla data di decorrenza della rendita.

Nel rispetto dei tempi sopra indicati, il lavoratore può presentare alla Sede Inail di appartenenza la richiesta di revisione, accompagnata da certificato medico. L'esito della visita viene comunicato all'interessato per lettera. Il lavoratore può presentare ricorso alla stessa Sede.

B) Se il lavoratore si vede non riconoscere dall'Inail la richiesta il riconoscimento dell'infortunio sul lavoro, o delle tutele (e conseguente indennizzo), o nel caso in cui riceve una valutazione della menomazione troppo bassa in relazione alla patologia riportata, oppure quando il lavoratore infortunato non è d'accordo sul termine di cessazione dell'indennità per inabilità, può procedere presentando una opposizione amministrativa richiedendo una ulteriore visita, la c.d. Collegiale medica Inail (Vd. Par. 4).

L'invio del certificato all'Inail, oltre ad attivare il procedimento accertativo su esposto, consente di estendere le tutele dirette ed indirette verso terzi che possono essere coinvolti direttamente o indirettamente nella "causa infortunio" con una duplice operazione:

predisponendo anche attività ispettive, di sequestro, di obblighi di ripristino e manutenzione, può rimuovere le cause da cui è derivato l'infortunio prevenendone altri;

con la valutazione del lavoratore infortunato obbliga il datore di lavoro a ricollocare lo stesso in una occupazione confacente alle proprie attitudini lavorative, evitandone per quanto possibile il licenziamento.

Con la Circolare n. 24/2021[32], l'Istituto disciplina la "Sanzione amministrativa per omessa o tardata denuncia di infortunio di cui all'articolo 53 del decreto del Presidente della Repubblica 30 giugno 1965, n. 1124", ricordando che l'istruttoria per infortunio è avviata per anche in base alla semplice segnalazione fatta dal lavoratore, dal patronato che lo assiste e dall'INPS qualora l'istituto ravvisi che l'infortunio per il quale è richiesta la tutela dal lavoratore sia un infortunio sul lavoro.

Relativamente a questi casi, la sede Inail che riceve il certificato o la segnalazione è tenuta a richiedere al datore di lavoro la presentazione della denuncia d'infortunio.

---

32 https://www.inail.it/cs/internet/docs/alg-circolare-n-24-del-9-settembre-2021.pdf

4) La Collegiale medica Inail

Quando, sia in caso di infortunio che di malattia, il lavoratore è in disaccordo con quanto certificato dalla Commissione medico-legale Inail, il lavoratore può proporre un ricorso amministrativo verso l'Istituto stesso al fine di far rivalutare tali conclusioni, richiedendo di poter essere sottoposto ad una ulteriore visita con l'assistenza di un proprio medico legale di fiducia, al fine di revisionare la valutazione medico-legale impugnata.

Per il ricorso alla Collegiale medica Inail, che è una collegiale atipica poiché formata solo dai medici Inail e del ricorrente deve essere predisposta una relazione medico legale di parte idonea a trattare nel contraddittorio tra le parti.

Benché è un istituto privo di valenza giuridica e poteri vincolanti e non prevista espressamente da alcuna disposizione, è assai diffusa nella prassi dell'Inail con lo scopo di eseguire una valutazione tecnica congiunta delle problematiche sanitarie in contestazione, al fine di pervenire a una decisione concorde sui punti controversi evitando fasi giudiziarie.

Il termine per presentare la richiesta di Collegiale medica si prescrive in tre anni dalla data dell'evento infortunio (N.B.: non dall'esito della prima valutazione Inail!) ed in genere si conclude in 150 giorni.

A prescindere dall'esito della Collegiale, che è comunque condizione di procedibilità della domanda giudiziale ma non preclusiva, il lavoratore può esperire l'azione giudiziaria dinanzi al giudice del lavoro competente con il patrocinio di un avvocato.

5) Il ricorso in autotutela

Un ulteriore strumento a disposizione del lavoratore è quello dato dal 'ricorso in autotutela'.

Tale istanza, volta a segnalare all'amministrazione l'errore in cui la stessa è caduta, trova origine nel processo di dialogo tra il cittadino e la pubblica amministrazione, va indirizzata all'Ufficio che ha emesso l'atto che si ritiene viziato, per sollecitare l'Istituto a riconsiderare la legittimità del proprio atto in forza del proprio potere di annullare, rettificare e revocare i provvedimenti amministrativi già adottati.

E' da tener presente che la richiesta in autotutela non garantisce l'accoglimento dell'istanza stessa né la risposta dell'Istituto, e né sospende i termini del ricorso al giudice contro l'atto viziato ed in genere è limitata ai soli errori materiali e di calcolo.

6) Domanda di revisione per aggravamento[33]

Di fronte al fatto che il percentuale di gravità dell'infortunio o della malattia professionale potrebbe modificarsi con il trascorrere del tempo, con gli artt. 83 e 137 del T.U. il legislatore ha codificato l'istituto della revisione, di cui il lavoratore potrà avvalersi nel caso di aggravamento delle sue condizioni di salute.

La domanda di revisione deve essere presentata presso la propria Sede Inail e deve essere corredata da specifica certificazione medica dalla quale risulti che si è verificato un aggravamento nei postumi dell'infortunio o della malattia professionale e risulti anche la nuova misura di riduzione dell'attitudine al lavoro o della menomazione dell'integrità psicofisica.

La pronuncia dell'INAIL dovrà avvenire nel termine di 90 giorni eventualmente sottoponendo il ricorrente a nuova valutazione con visita medico-legale.

Nel caso di rifiuto a sottoporsi a nuova valutazione, l'Istituto può disporre la sospensione dei benefici in corso.

Una lettura della norma, combinata con l'art. 13 del D. Lgs. n. 38 del 2000 (danno biologico), consente oggi una quantificazione

---

33 https://mysuperabile.inail.it/cs/superabile/normativa-e-diritti/tutela-dei-lavoratori/
prestazioni/20200724e-aggravamento-inail.html#:~:text=deve%20essere
%20presentata%20presso%20la,dell'integrit%C3%A0%20psico%2D%EF%AC%81sica.

dell'aggravamento, che tenga conto anche della menomazione dell'integrità psicofisica dell'assicurato.

6.1 Revisione per aggravamento dell'infortunio

I termini sono per la domanda di revisione per aggravamento del danno permanente decorrono dal momento delle modificazioni dello stato di salute del lavoratore entro il termine massimo di 10 anni dalla data di costituzione della rendita.

Nei primi quattro anni dalla data di costituzione della rendita la prima revisione può essere richiesta o disposta solo dopo trascorso un anno dalla data dell'infortunio e almeno sei mesi da quella della costituzione della rendita, ciascuna delle successive revisioni non può essere richiesta o disposta a distanza inferiore di un anno dalla precedente.

Trascorso il quarto anno dalla data di costituzione della rendita, la revisione può essere richiesta o disposta solo due volte, la prima alla fine di un triennio e la seconda alla fine del successivo triennio.

L'ultima visita deve essere effettuata allo scadere dei dieci anni dalla data di costituzione della rendita, pertanto:

Le visite successive possono essere effettuate:

- non prima di un anno dalla precedente (nei primi quattro anni il lavoratore può essere sottoposto a visita al massimo quattro volte);

dopo i primi quattro anni sono possibili altre due revisioni dalla costituzione della rendita:

- alla scadenza del settimo anno;

- alla scadenza del decimo anno.

6.2 Revisione per aggravamento della malattia professionale

I termini sono per la domanda di revisione per aggravamento della malattia professionale decorrono dal momento delle modificazioni dello stato di salute del lavoratore entro il termine massimo di 15 anni dalla data di costituzione della rendita.

In quest'ultima ipotesi, la domanda di aggravamento deve essere presentata, a pena di decadenza, non oltre un anno dalla scadenza del termine di 15 anni, ad eccezione di quelle malattie il cui periodo revisionale non ha limitazioni di tempo: ovvero l'asbestosi, la silicosi, le malattie oncologiche e quelle da esposizione a raggi.

Il termine in questione è stato oggetto di una pronuncia della Corte Costituzionale, la sentenza n. 46/2000 (recepita dall'INAIL nella circolare n. 32/15[34] e nel suo Allegato 1[35]), che ha precisato che le istanze di aggravamento presentate dopo i 15 anni equivalgono a *nuova denuncia di malattia*, qualora il peggioramento della salute del

---

34   https://www.inail.it/cs/internet/docs/circ32_2015.pdf

35   https://www.inail.it/cs/internet/docs/allegatocirc32_2015.pdf

lavoratore sia riconducibile al protrarsi dell'esposizione di questo ai fattori di rischio, anche se in un'azienda diversa da quella in cui la malattia ab origine si era manifestata.

Quanto ai tempi, si riporta integralmente quanto indicato dallo stesso Istituto:

La prima visita può essere effettuata:

- dopo sei mesi dalla data di cessazione del periodo di inabilità temporanea assoluta;

- dopo un anno dalla data di presentazione della denuncia della malattia, nei casi in cui non vi sia stata astensione dal lavoro;

- le successive revisioni non possono essere effettuate a distanza inferiore a un anno dalla precedente.

L'ultima visita deve essere effettuata allo scadere dei 15 anni dalla data di costituzione della rendita, pertanto:

La prima visita può essere effettuata:

- dopo sei mesi dalla data di cessazione del periodo di inabilità temporanea assoluta;

- dopo un anno dalla data di presentazione della denuncia della malattia, nei casi in cui non vi sia stata astensione dal lavoro;

- le successive revisioni non possono essere effettuate a distanza inferiore a un anno dalla precedente.

L'ultima visita deve essere effettuata allo scadere dei 15 anni dalla data di costituzione della rendita.

CAPITOLO TERZO

LE FORME DI RICONOSCIMENTO GIUDIZIARIO DI MALATTIE (TECNOPATIE) E INFORTUNI SUL LAVORO

1) Strumenti deflattivi alternativi al ricorso giudiziario ex art. 409 (Controversie individuali di lavoro) c.p.c.[36]

Il lavoratore che si vede respingere dall'Inail la richiesta di riconoscimento della malattia o dell'infortunio sul lavoro e delle conseguenti tutele ed indennizzo, o nel caso in cui riceve una valutazione della menomazione troppo bassa in relazione alla patologia o ai postumi riportati, oppure quando lo stesso non è d'accordo sul termine di cessazione dell'indennità per inabilità, o per altri motivi specifici, ha a disposizione, prima di procedere con una azione giudiziaria avverso l'atto amministrativo emesso dall'Istituto,

---

[36] Si osservano le disposizioni del presente capo nelle controversie relative a:
1) rapporti di lavoro subordinato privato, anche se non inerenti all'esercizio di una impresa;
2) rapporti di mezzadria, di colonia parziaria, di compartecipazione agraria, di affitto a coltivatore diretto, nonche' rapporti derivanti da altri contratti agrari, salva la competenza delle sezioni specializzate agrarie;
3) rapporti di agenzia, di rappresentanza commerciale ed altri rapporti di collaborazione che si concretino in una prestazione di opera continuativa e coordinata, prevalentemente personale, anche se non a carattere subordinato. La collaborazione si intende coordinata quando, nel rispetto delle modalita' di coordinamento stabilite di comune accordo dalle parti, il collaboratore organizza autonomamente l'attività lavorativa (1);
4) rapporti di lavoro dei dipendenti di enti pubblici che svolgono esclusivamente o prevalentemente attivita' economica;
5) rapporti di lavori dei dipendenti di enti pubblici ed altri rapporti di lavoro pubblico, sempreche' non siano devoluti dalla legge ad altro giudice.

delle procedure alternative di reclamo che in alcuni casi sono condizione di procedibilità dell'azione giudiziaria stessa.

Tali strumenti deflattivi del contenzioso civile sono stati introdotti dal legislatore per alleggerire il carico dei Tribunali oltre che per snellire ed accorciare i tempi di giustizia e consistono:

a) nel promuovere un tentativo di conciliazione stragiudiziale dinanzi alla Direzione provinciale del lavoro ex art. 411 (Processo verbale di conciliazione) c.p.c. che porta, nel caso di accordo alla redazione di un verbale sottoscritto dalle parti e dai componenti della commissione di conciliazione, che il giudice, su istanza della parte interessata, dichiara esecutivo con un decreto.

b) nell'accordarsi con l'altra parte, durante il tentativo di conciliazione, per la risoluzione della lite, affidando alla commissione di conciliazione il mandato a risolvere in via arbitrale la controversia, ex art. 412 (risoluzione arbitrale della controversia) c.p.c.. Il lodo è impugnabile ai sensi dell'articolo 808-ter c.p.c.;

c) nell'avvalersi dgli strumenti di conciliazione e di arbitrato secondo le modalità previste dai contratti collettivi delle associazioni sindacali maggiormente rappresentative, ex art. 412-ter (Altre modalità di conciliazione e arbitrato previste dalla contrattazione collettiva) c.p.c.;

d) nel proporre la controversia dinanzi ad un collegio di conciliazione ed arbitrato irrituale costituito secondo le modalità previste dall'art. 412 quater (Altre modalità di conciliazione e arbitrato) c.p.c..

2. Le forme di riconoscimento giudiziario di malattie (tecnopatie) e infortuni sul lavoro.

In rispetto di quanto disposto dall'art. 443 (Rilevanza del procedimento amministrativo) c.p.c., la domanda giudiziale diventa procedibile solo quando sono *esauriti i procedimenti prescritti dalle leggi speciali per la composizione in sede amministrativa o siano decorsi i termini ivi fissati per il compimento dei procedimenti stessi o siano, comunque, decorsi centottanta giorni dalla data in cui è stato proposto il ricorso amministrativo.*

Quindi, esaurite le forme di riconoscimento amministrative rientranti in "ambito Inail" a fronte delle sue competenze in materia sanitaria proprie e dirette concorrenti con quelle del Servizio sanitario nazionale (così come disposto dal D.lgv. 81/08 e ss.mm.ii.), e gli strumenti deflattivi visti nel paragrafo precendente, laddove il soggetto ritenga non soddisfatte le domande può proporre un ricorso giudiziale avverso l'atto amministrativo emesso dall'Istituto e la differenza tra l'impugnazione di un atto di malattia professionale e uno di infortunio sta solo nel contenuto della domanda giudiziale, poiché la procedura dinanzi al tribunale civile è la medesima.

Con l'assistenza - in questo caso obbligatoria - di un avvocato, che può essere richiesto anche ai patronati, il lavoratore può proporre dinanzi al Giudice del Lavoro competente ricorso giudiziale contro l'Inail entro il termine decadenziale di tre anni e 150 giorni che, nota bene, decorrono dall'infortunio o dalla manifestazione della malattia professionale (fatti salvi i casi di silicosi, asbestosi e malattie oncologiche) e non dalla prima domanda amministrativa.

Questo rito speciale è normato dagli artt. 409 c.p.c. e ss., in forza della espressa estensione formulata nell'art. 442 c.p.c.[37]

Nel ricorso ex art. 442 c.p.c. il lavoratore deve oltre ad indicare il rapporto di lavoro,   descrivere l'infortunio, indicare eventuali testimoni, le cure mediche cui è stato sottoposto, riportare il completo iter amministrativo dalla denuncia di infortunio al verbale di valutazione impugnato e chiedere una CTU indicando il CTP, dovrà allegare i documenti probanti il suo stato di salute pre e post infortunio ed eventuali postumi invalidanti riportati. Tra questi documenti, giova ricordarlo, i più importanti sono la cartella clinica, le ricette, la cartella sanitaria e di rischio dei lavoratori, il DOSP e la Scheda sanitaria individuale del medico di famiglia.

---

37 (Controversie in materia di previdenza e di assistenza obbligatorie)

Nei procedimenti relativi a controversie derivanti dall'applicazione delle norme riguardanti le assicurazioni sociali, gli infortuni sul lavoro, le malattie professionali, gli assegni familiari nonché ogni altra forma di previdenza e di assistenza obbligatorie, si osservano le disposizioni di cui al capo primo di questo titolo.

Anche per le controversie relative alla inosservanza degli obblighi di assistenza e di previdenza derivanti da contratti e accordi collettivi si osservano le disposizioni di cui al capo primo di questo titolo.

Per le controversie di cui all'articolo 7, terzo comma, numero 3-bis), non si osservano le disposizioni di questo capo, né quelle di cui al capo primo di questo titolo.

Quello attestato nella Cartella clinica ha valore fino a prova contraria e la stessa ha valore sanitario e amministrativo e possono accedervi, se non presentata dal lavoratore ricorrente, sia L'INAIL e che l'autorità giudiziaria.

Il Giudice competente è individuato dall'art. 444 c.p.c.[38] - che è una delle numerose disposizioni *favor lavoratoris* - che indica come giudice competente per materia per tutte le controversie di primo grado il Tribunale in composizione monocratica in funzione di giudice del lavoro, mentre per il grado di appello la Corte d'Appello. La competenza per territorio è regolata dall'art. 18 (Foro generale delle persone fisiche) c.p.c.[39] o dai fori alternativi previsti dall'art. 413

---

38 (Giudice competente)

Le controversie in materia di previdenza e di assistenza obbligatorie indicate nell'articolo 442 sono di competenza del tribunale, in funzione di giudice del lavoro, nella cui circoscrizione ha la residenza l'attore. Se l'attore è residente all'estero la competenza è del tribunale, in funzione di giudice del lavoro, nella cui circoscrizione l'attore aveva l'ultima residenza prima del trasferimento all'estero ovvero, quando la prestazione è chiesta dagli eredi, nella cui circoscrizione il defunto aveva la sua ultima residenza.

Se la controversia in materia di infortuni sul lavoro e malattie professionali riguarda gli addetti alla navigazione marittima o alla pesca marittima, è competente il tribunale, in funzione di giudice del lavoro, del luogo in cui ha sede l'ufficio del porto di iscrizione della nave.

Per le controversie relative agli obblighi dei datori di lavoro e all'applicazione delle sanzioni civili per l'inadempimento di tali obblighi, è competente il tribunale, in funzione di giudice del lavoro, del luogo in cui ha sede l'ufficio dell'ente.

39 (Foro generale delle persone fisiche)

Salvo che la legge disponga altrimenti, è competente il giudice del luogo in cui il convenuto ha la residenza o il domicilio, e, se questi sono sconosciuti, quello del luogo in cui il convenuto ha la dimora.

Se il convenuto non ha residenza, né domicilio, né dimora nello Stato o se la dimora è

(Giudice competente) c.p.c., ovvero il tribunale nella cui circoscrizione è sorto il rapporto di lavoro, ovvero dove si trova l'azienda o la sua dipendenza presso cui è o era addetto il lavoratore.

Il ricorso avverso le decisioni dell'Inail seguono le norme speciali del processo del lavoro, artt. 409 c.p.c. e ss, ed hanno come caratteristica la *concentrazione, l'immediatezza* e *l'oralità* del procedimento.

Anche in questo caso resta valido il 'principio della domanda' per cui il giudice civile non può pronunciare senza domanda delle parti né oltre i limiti della stessa anche se, ed è questa la norma caratterizzante di questa procedura speciale, a norma dell'art. 421 c.p.c.[40] il giudice in qualunque momento può *disporre d'ufficio in qualsiasi momento l'ammissione di ogni mezzo di prova, anche fuori dei limiti stabiliti dal codice civile, ad eccezione del giuramento decisorio.*

---

sconosciuta, è competente il giudice del luogo in cui risiede l'attore.

40 (Poteri istruttori del giudice)

Il giudice indica alle parti in ogni momento le irregolarità degli atti e dei documenti che possono essere sanate assegnando un termine per provvedervi, salvo gli eventuali diritti quesiti.
Può altresì disporre d'ufficio in qualsiasi momento l'ammissione di ogni mezzo di prova, anche fuori dei limiti stabiliti dal codice civile, ad eccezione del giuramento decisorio, nonché la richiesta di informazioni e osservazioni, sia scritte che orali, alle associazioni sindacali indicate dalle parti. Si osserva la disposizione del comma sesto dell'articolo 420.
Dispone, su istanza di parte, l'accesso sul luogo di lavoro, purché necessario al fine dell'accertamento dei fatti, e dispone altresì, se ne ravvisa l'utilità, l'esame dei testimoni sul luogo stesso.
Il giudice, ove lo ritenga necessario, può ordinare la comparizione, per interrogarle liberamente sui fatti della causa, anche di quelle persone che siano incapaci di testimoniare a norma dell'articolo 246 o a cui sia vietato a norma dell'articolo 247.

Presentato il ricorso davanti al giudice monocratico, si apre la fase istruttoria con l'udienza di discussione dove è richiesto l'obbligo di comparizione delle parti poiché è in questa fase che il giudice, ex art. 420 (Udienza di discussione della causa) c.p.c., *interroga liberamente le parti presenti, tenta la conciliazione della lite e formula alle parti una proposta transattiva o conciliativa.*

Nel caso di conciliazione riuscita emette un verbale di conciliazione che ha valore esecutivo.

Sempre secondo l'art. 420 c.p.c. *La mancata comparizione personale delle parti, o il rifiuto della proposta transattiva o conciliativa del giudice, senza giustificato motivo, costituiscono comportamento valutabile dal giudice ai fini del giudizio. Le parti possono, se ricorrono gravi motivi, modificare le domande, eccezioni e conclusioni già formulate, previa autorizzazione del giudice.(...) Le parti hanno facoltà di farsi rappresentare da un procuratore generale o speciale, il quale deve essere a conoscenza dei fatti della causa. (...)*

Come vediamo nell'articolato dettato dell'art. 420 c.p.c. l'udienza di discussione della causa potrebbe essere anche l'unica udienza della stessa, o per un riuscito tentativo di conciliazione o, in mancanza, quando *il giudice ritiene la causa matura per la decisione, o se sorgono questioni attinenti alla giurisdizione o alla competenza o ad altre pregiudiziali la cui decisione può definire il giudizio, il giudice invita le parti alla discussione e pronuncia sentenza anche non definitiva dando lettura del dispositivo.*

Nella stessa udienza ammette i mezzi di prova già proposti dalle parti e quelli che le parti non abbiano potuto proporre prima, se ritiene che siano rilevanti, disponendo, con ordinanza resa nell'udienza, per la loro immediata assunzione.

L'art. 420 c.p.c. collegato al successivo art. 421 (Poteri istruttori del giudice) c.p.c. da la portata della forza "indagatoria" e attiva del giudice del lavoro che, a differenza del giudice civile ordinario, può disporre in qualsiasi momento *l'ammissione di ogni mezzo di prova, anche fuori dei limiti stabiliti dal codice civile (...) e dispone, su istanza di parte, l'accesso sul luogo di lavoro, purché necessario al fine dell'accertamento dei fatti (...)* oltre a poter, in deroga a quanto già previsto dalle norme, *ordinare la comparizione, per interrogarle liberamente sui fatti della causa, anche di quelle persone che siano incapaci di testimoniare a norma dell'articolo 246 o a cui sia vietato a norma dell'articolo 247.*

Il giudice ha tra i suoi poteri anche quello di richiedere l'ausilio di consulenze tecniche ad esperti della materia e quindi di approfondire in maniera specifica l'indagine stessa potendo valutare quanto risulta dalle Consulenze Tecnoche d'Ufficio (CTU).

In questa sede bisogna evidenziare che le CTU sono fondamentali ma non determinanti per il convincimento del giudice, poiché solo lo stesso è in possesso di tutto il materiale probatorio e del quadro complessivo della causa in esame.

Infatti, una volta raccolte tutte le prove che ritiene sufficienti, il giudice invita le parti alla discussione orale, al termine della quale ognuna di esse precisa le proprie conclusioni.

Anche in sede di giudizio civile, la necessaria ammissione del nesso causale porta con se la regola del *"tutto o niente"* ed in sede civile la causalità può anche essere debole; è più probabile che non. Significativa differenza di probabilità tra le cause (es. 70% contro 30% di probabilità).

La sentenza è pronunciata nella stessa udienza, dando lettura del dispositivo e della esposizioni delle ragioni di fatto e di diritto della decisione.

Sempre in *favor lavoratoris* il dispositivo della sentenza è provvisoriamente esecutivo ex art. 282 c.p.c. e da procedibilità all'esecuzione forzata anche con la sola copia dello stesso (quindi in pendenza del termine per il deposito della sentenza).

Dalla lettura il giudice ha 15 giorni di tempo per depositare la sentenza in cancelleria, salvo casi di particolare complessità che non possono comunque superare i 60 giorni ed il cancelliere deve darne immediata comunicazione alle parti.

Il ricorso in Appello deve essere depositato nella cancelleria entro 30 giorni dalla notificazione della sentenza o entro 40 nel caso di notificazione all'estero

Il D.L. 83/2012 ha apportato modifiche alla disciplina dell'appello anche per le controversie in materia di lavoro e quindi, analogamente a quanto previsto per l'appello ordinario deve rispettare il dettato del nuovo art. 434 (Deposito del ricorso in appello) c.p.c., e quindi, oltre a quanto disposto dall'art. 414 c.p.c (Forma della domanda): *l'appello deve essere motivato. La motivazione deve contenere, a pena di inammissibilità:*

1) sia l'indicazione delle parti del provvedimento che si intende appellare e delle modifiche che vengono richieste alla ricostruzione del fatto compiuta dal giudice di primo grado;

2) l'indicazione delle circostanze da cui deriva la violazione della legge e della loro rilevanza ai fini della decisione impugnata.

L'udienza di discussione è normata dall'art. 437 c.p.c.:

relativamente ai ricorsi contro l'Inail sono da evidenziare che nella fase di appello non sono ammesse nuove domande ed eccezioni, né nuovi mezzi di prova, salvo che dal Collegio, non siano ritenuti indispensabili ai fini della decisione. Il Collegio, inoltre, può adottare i provvedimenti di ex art. 423 (Ordinanza per il pagamento delle somme) c.p.c. e le disposizioni ex art. 429 (Pronuncia della sentenza), commi 2 e 3, c.p.c.

Nella stessa udienza di discussione, a norma dell'art. 441 (Consulente tecnico in appello) c.p.c. il collegio può disporre una nuova consulenza tecnica d'ufficio rinviando ad altra udienza.

La sentenza d'appello verrà pronunciata dal Collegio dando nell'udienza stessa lettura del dispositivo, dopo la relazione orale della causa fatta dal giudice incaricato e sentiti i difensori delle parti.

LSentenza d'Appello che può essere impugnata con ricorso dinanzi la Quarta sezione Lavoro della Corte di Cassazione ex art. 360 n. 4 e 5 c.p.c.: errori *in procedendo* ed errori *in iudicando*, *prestando attenzione a non scivolare in una contestazione di merito - che comporta la necessità di non porre in discussione la ricostruzione fattuale accolta dalla sentenza impugnata, accompagnata alla critica alla decisione che abbia o meno (a seconda che il ricorrente sia il lavoratore o il datore di lavoro) ritenuto sussumibili quei fatti nella nozione, ad esempio, di giusta causa - segna, come detto appena sopra, il confine tra un motivo di ricorso ammissibile ed uno inammissibile*[41]*

I termini per il ricorso per Cassazione sono indicati negli artt 325 e 327 c.p.c. e per i n. 4 e 5 dell'art. 360 c.p.c. vale il c.d. termine lungo ex art. 327 (Decadenza dall'impugnazione) c.p.c.:

Indipendentemente dalla notificazione l'appello, il ricorso per Cassazione e la revocazione per i motivi indicati nei numeri 4 e 5 dell'articolo 395 non possono proporsi dopo decorsi sei mesi dalla pubblicazione della sentenza.

Questa disposizione non si applica quando la parte contumace dimostra di non aver avuto conoscenza del processo per nullità della citazione o della notificazione di essa, e per nullità della notificazione degli atti di cui all'art. 292.

---

41 Cass., Sez. lav., 19 aprile 2018, n. 9739

Da quanto esposto è evidente che benché il procedimento civile incardinato dinanzi al giudice del lavoro tende ad essere concentrato in una o due udienze ed è fondamentale il tempestivo deposito di tutte le prove documentali, testimoniali e tecniche e la prova del nesso di causalità, questo non esclude che la causa potrebbe ampliarsi- anche in forza dei poteri di azione ed indagine che la legge attribuisce al giudice stesso o dai rilievi che potrebbe proporre dinanzi la Corte di Cassazione- ed il giudizio non più dipendere da una stretta valutazione medico-legale ma reggersi su altri fattori e rilievi di attualità approdando a nuove e diverse letture giurisprudenziali e di costituzionalità, sopratutto davanti al riconoscimento di nuove malattie.

Come già accaduto con l'approdo al c.d. sistema misto, dove è stata la giurisprudenza stessa a scardinare il rigido sistema tabellare facendo evolvere le procedure di valutazione e riconoscimento di infortunio e tecnopatia trasformando, di fatto, una normativa rigida e chiusa in una aperta e snella.

Come esempio significativo degli sviluppi giurisprudenziali possiamo indicare il percorso che, nato dalla sentenza della Corte Costituzionale n. 184/1986[42], ha tipizzato, riconoscendo pienamente il diritto alla

42   "(...)Se è vero che l'art. 32 Cost. tutela la salute come diritto fondamentale del privato, e se è vero che tale diritto è primario e pienamente operante anche nei rapporti tra privati, allo stesso modo come non sono configurabili limiti alla risarcibilità del danno biologico, quali quelli posti dall'art. 2059 c.c., non è ipotizzabile limite alla risarcibilità dello stesso danno, per sé considerato, ex art. 2043 c.c.
Il risarcimento del danno ex art. 2043 è sanzione esecutiva del precetto primario: ed è la minima (a parte il risarcimento ex art. 2058 c.c.) delle sanzioni che l'ordinamento

salute sancito nell'art. art. 32 Costituzione, accanto alla ormai stabile suddivisione dei danni in patrimoniali ex art. 2043 c.c. e non patrimoniali ex art. 2059 c.c. , la categoria del c.d. *danno biologico*, ovvero di quella lesione dell'integrità psicofisica che prescinde dalla riduzione del reddito del danneggiato, e che costituisce un danno evento a differenza degli altri due che sono costituiti come danni conseguenza. La successiva sentenza n. 87/1991[43] è stata poi recepita nel D.Lgs. 38/2000 che ha introdotto e normato il danno biologico in

------

appresta per la tutela d'un interesse(...)"

43   *"(...)È vero che il danno biologico, in sé considerato, deve ritenersi risarcibile da parte del datore di lavoro secondo le regole che governano la responsabilità civile di quest'ultimo.*

Tuttavia, le stesse ragioni, che hanno indotto a giudicare non soddisfacente la tutela ordinaria e ad introdurre un sistema di assicurazione sociale obbligatoria contro il rischio per il lavoratore di infortuni e malattie professionali capaci di incidere sulla sua attitudine al lavoro, inducono a ritenere che anche il rischio della menomazione dell'integrità psico-fisica del lavoratore medesimo, prodottasi nello svolgimento e a causa delle sue mansioni, debba per sé stessa, e indipendentemente dalle sue conseguenze ulteriori, godere di una garanzia differenziata e più intensa, che consenta, mediante apposite modalità sostanziali e procedurali, quella effettiva, tempestiva ed automatica riparazione del danno che la disciplina comune non è in grado di apprestare.

Un simile ampliamento della tutela sarebbe pure in linea, per un verso, con la tendenza all'espansione della copertura assicurativa dei rischi del lavoratore, rivelata, per esempio, dall'abbandono del c.d. sistema tabellare delle malattie professionali (v. sentenza n. 179 del 1988); per altro verso, con il crescente impegno di meccanismi solidaristici per la reintegrazione di danni alla persona, autonomamente considerati (v. sentenze nn560 e 561 del 1987).

Tuttavia, deve ammettersi che il rafforzamento della tutela del lavoratore qui considerato comporterebbe una innovazione legislativa, e quindi la specificazione di modalità procedurali e tecniche, la cui effettuazione spetta al legislatore.

Di conseguenza, la questione deve essere dichiarata inammissibile. Non senza ricordare, però, come l'esigenza di adeguata tutela delle malattie professionali abbia indotto la Corte - di fronte alla prolungata inerzia del legislatore, ed in presenza di determinate condizioni - a pervenire alla declaratoria di illegittimità costituzionale del c.d. sistema tabellare, la cui revisione abbisognava anch'essa di specificazioni."

via legislativa ed a cascata ha aperto al concetto di danno differenziale.

Il danno biologico è stato riconosciuto come danno alla persona, quale lesione del bene salute, in forza dei quanto disposto dalle c.d. sentenze gemelle del 2003[44] che hanno ampliato il contenuto del danno non patrimoniale oltre al danno morale anche allo stesso danno biologico, facendo un ulteriore passo avanti verso il riconoscimento dei danni alla persona.

3. Il ruolo del Consulente Tecnico d'Ufficio (il C.T.U.)

Nello svolgere il suo lavoro, nella redazione della perizia, il CTU deve agire con scienza e coscienza e non può andare oltre i quesiti posti dal giudice.

Esso deve esaminare tre aspetti:

1. L'evento tutelato oggetto della controversia, poiché ogni evento in esame ha una diversa valutazione, che può dipendere dalla sua natura:

    - l'infortunio o malattia professionale devono essere valutati seguendo i criteri del danno biologico;

    - L'invalidità pensionabile deve essere valutata secondo il criterio della capacità di lavoro nelle occupazioni confacenti;

---

44   Corte Cost. Sent. 8827/03 e 8828/03

- L'invalidità civile deve essere valutata secondo il criterio della capacità lavorativa generica.

2. Per le Malattie professionali il passaggio obbligatorio è la verifica del nesso causale.

3. Per il danno alla persona deve individuare i criteri di valutazione del danno, poiché tra invalidità e responsabilità civile sono diversi.

4. Danno biologico e danno differenziale (cenni)

Il **danno biologico** è stato introdotto, dopo una creazione giurisprudenziale, dall'art. 13 del D.Lgs. 38/2000 come quella "*lesione all'integrità psicofisica, suscettibile di valutazione medico legale, della persona*".

Lo stesso art. 13 , accanto al criterio della 'capacità lavorativa' ha dichiarato che il ristoro è determinabile in maniera indipendente dal reddito del danneggiato, e ancorato esclusivamente, ed in maniera proporzionale, alla gravità della menomazione psico-fisica subita.

Per affermare l'esistenza di un danno biologico, devono essere presenti i seguenti elementi:

- esistenza di una lesione fisica o psichica della persona;

- esistenza di una compromissione delle attività vitali del soggetto, considerate nel senso più ampio;

- esistenza di un nesso causale tra la lesione subita e la compromissione della vita del danneggiato.

Queste *menomazioni conseguenti alle lesioni dell'integrità psicofisica* devono essere valutate facendo riferimento alle tabelle elaborate dal Tribunale di Milano (le c.d. Tabelle di Milano), fondate sulla personalizzazione equitativa del danno, ai sensi degli art. 138 e 139 D.Lgs. n. 209/2005 (Codice delle assicurazioni private).

A fronte di questo dell'introduzione del danno biologico nasce il concetto prettamente giurisprudenziale di **danno differenziale**.

Il termine *danno differenziale* indica ed identifica la differenza tra la somma corrisposta dall'INAIL a titolo di indennizzo per un infortunio sul lavoro o malattia professionale e la maggior somma che spetterebbe al lavoratore se il danno biologico venisse risarcito dal datore di lavoro secondo gli indici delle Tabelle di Milano.

A differenza delle prestazioni erogate dall'INAIL che sono dovute in ragione del semplice verificarsi dell'infortunio,   il risarcimento del danno differenziale presuppone due elementi:

- il verificarsi dell'evento dannoso;

- la sua configurabilità come illecito in quanto prodottosi a seguito di un comportamento colposo del datore di lavoro oppure di un terzo.

Il danno differenziale, dunque, spetta a chi, pur percependo già una rendita Inail, dimostra di avere subito un maggior danno rispetto a quello che gli è stato riconosciuto e ristorato dall'ente previdenziale.

Stando all'aggiornato l'articolo 10 del d.p.r. n. 1124/1965, il danno differenziale va calcolato considerando la differenza fra quanto spetta al lavoratore complessivamente per il danno subito, e quanto gli è stato corrisposto dall'Inail.

5. Richiesta risarcimento al datore di lavoro

Il lavoratore danneggiato, può porre azione di risarcimento anche contro il datore di lavoro e questa richiesta è più "conveniente" poiché non prevede una fascia di franchigia (il risarcimento è ottenibile anche con l'1%) ed il risarcimento viene effettuato con calcolo economico di natura civilistica.

Il ricorrente deve però dimostrare la colpa/responsabilità del datore di lavoro, che portato in giudizio non resta inerme ma si difende apportando elementi a sua discolpa.

Il datore di lavoro è responsabile solo laddove il danno dipenda dal mancato rispetto degli obblighi di sicurezza che gravano su di lui che arrivano, ex art. 2087 (Tutela delle condizioni di lavoro) c.c.[45] a tutelare anche la salute psicofisica dei lavoratori.

Come ricordato dalla Corte di Cassazione con la sentenza 7515/21[46] il riconoscimento della malattia professionale effettuato dall'INAIL non è sufficiente per legittimare l'azione di risarcimento del lavoratore nei confronti del datore di lavoro. Ne consegue *"l'inopponibilità*

---

45 *L'imprenditore è tenuto ad adottare nell'esercizio dell'impresa le misure che, secondo la particolarità del lavoro, l'esperienza e la tecnica, sono necessarie a tutelare l'integrità fisica e la personalità morale dei prestatori di lavoro*

46 https://olympus.uniurb.it/index.php?
option=com_content&view=article&id=25112:cassazione-civile,-sez-lav-,-17-marzo-2021,-n-7515-tumore-polmonare-definito-dall%E2%80%99inail-come-malattia-professionale-originata-dall%E2%80%99inalazione-di-ipa-non-basta-per-il-risarcimento-da-parte-dell-azienda&catid=16&Itemid=138

all'azienda dell'avvenuto riconoscimento della malattia professionale, trattandosi di accertamento posto in essere in via amministrativa ed estraneo ad ogni contraddittorio con il datore di lavoro".

Ai fini di una eventuale responsabilità del datore di lavoro spetta quindi al lavoratore fornire l'onere della prova del danno alla salute che dichiara di avere subito a causa dell'attività lavorativa svolta, non potendo assumere, il provvedimento emesso dall'INAIL, né una valenza indiziaria, né un valore di fatto notorio.

Il lavoratore dovrà cioè dimostrare innanzitutto l'esistenza di tale danno, poi la nocività dell'ambiente di lavoro ed infine il nesso causale, il collegamento che il danno alla salute sia stato conseguenza della nocività dell'ambiente di lavoro e non di altri fattori.

CAPITOLO QUARTO

CONCLUSIONI

La stesura di questo elaborato ha evidenziato che la copertura assicurativa fornita dall'INAIL a tutti i lavoratori così come istituzionalizzata nella Costituzione del 1948 e resa attuativa con le norme del 1968 e del 2000 si è evoluta insieme al lavoro senza necessità di significativi interventi sul suo impianto originario.

Questo grazie a come sono state concepite le norme, scritte con parole pesate, pensate e "senza tempo", e formulate in disposizioni predisposte all'evoluzione storico-sociale tanto da riuscire ad essere *vive* a distanza di oltre 50 anni, segnati da grandi processi di cambiamento come la globalizzazione, il telelavoro e quello alle dipendenze delle piattaforme digitali. Situazioni al tempo imprevedibili ed anche difficilmente ipotizzabili.

Norme da come sono state *scritte* si percepisce che sono state pensate e ideate per assicurare una più completa tutela a qualunque lavoratore in qualsiasi tipo di lavoro.

Questa formulazione consente all'Istituto di poter recepire sia ogni novità medico-scientifica sia i nuovi risultati giurisprudenziali che istituzionalizza adeguandovi normativa e/o procedimenti: come nel caso della circolare 23/1988 con cui, prima ancora dell'intervento legislativo, ha dato prontamente seguito ad un pronunciamento della

Corte Costituzionale, riconoscendo e facendo proprio il "sistema misto" (di natura giurispudenziale) come nuovo procedimento di valutazione, rompendo di fatto con il metodo Tabellare ed evolvendo verso un medodo di valutazione più aderente al lavoro *di oggi* e di maggior tutela e favore per i lavoratori.

A mio avviso il punto più dirompente della procedura di riconoscimento dei danni da lavoro è che essa estende, direttamente o indirettamente i sui effetti di garanzia e tutela verso tutti i cittadini, che in maniera più o meno consapevole ne traggono beneficio e sicurezza.

Il vivere nella comunità, le nostre attività quotidiane, ci porta ad avere contatti continui con il mondo del lavoro e con i lavoratori, con il loro fare e le loro opere ed è su queste continue interconnessioni che la valutazione obbligatoria INAIL ha effetti *erga omnes*:

ad esempio, nel prendere un taxi privato o un mezzo pubblico il sistema INAIL ci assicura che quel lavoratore, nel caso in cui avesse in passato subito un danno, è stato obbligatriamente sottoposto ad un iter accertatore medico-legale a verifica della confacenza delle sua capacità alla attività lavorativa ed infine ricollocato in una mansione adatta e "certificata".

La competenza esclusiva delle Commissioni medico legali dell'INAIL garantisce di trovarsi di fronte a degli organi terzi, sempre aggiornati e con una casistica medico-legale praticamente assoluta derivante dalla totalità dei dati, anche in ordine statistico e probabilistico , su tecnopatie ed infortuni a loro disposizione, assicurata dal continuo flusso di informazioni e valutazioni che transitano nel sistema INAIL.

Dati che l'Istituto rende pubblici con dei report e continue pubblicazioni e che in quanto disponibili per ogni commissione determinano per le stesse una uniformità di informazioni da porre a base del giudizio, ampliando la casistica oltre le loro dirette esperienze e territorio, anche al fine di ottenere delle valutazioni omogenee.

Da indicare anche la struttura internet del sistema INAIL ha competenze importanti anche di tipo divulgativo-informativo attraverso i due siti principali *inail.it* e *mysuperabile.inail.it* e da pagine social dedicate che sono fonte di contenuti completi, aggiornati e raggiungibili da tutti in qualsiasi momento, rendendo di fatto l'INAIL un "palazzo di vetro".

Anche nel ricorso in via giudiziaria è da valorizzare la sua valenza sociale, poiché oltre ad assicurare al lavoratore ed all'Istituto resistente la tutela in tutti i gradi di giudizio, può portare al riconoscimento di nuove forme di infortunio o tecnopatie o a nuovi metodi di valutaione e riconoscimento delle stesse.

Il ricorso giudiziale è, di fatto, lo strumento che può anche aggiornare e/o integrare il sistema INAIL , in assenza di interventi del legislatore.

Considerando globalmente il sistema di ricerca e riconoscimento delle tutele INAIL possiamo affermare che con esso la stessa Medicina del lavoro arriva a garantire una tutela *erga omnes* e si caratterizza per essere un istituto aperto ed in continua evoluzione e aderenza al presente capace di (auto)aggiornamento fino ad essere *fonte di se stesso.*

CAPITOLO QUINTO

RINGRAZIAMENTI

In questi utimi anni segnati dal *"Covid"*, un significativo ringraziamento non può non andare al medico ungherese Ignazio Filippo Semmelweis, ed alla sua intuizione che ha portato all'asepsi, la pratica di sterilizzare le mani prima di eseguire un intervento chirurgico. Sommelweis a metà '800 intuì una connessione tra la febbre puerperale e la pratica degli studenti di medicina nella pratica dell'autopsia e quindi, in un atto di pura creazione, intuì che le mani per semplice contatto possono infettare e quindi prescrisse una profilassi per lavarsi. Ma questa rottura della routine medica del tempo, che trattava morte e nascita come fossero la stessa cosa, comportò il suo allontanamento e finì precocemente e atrocemente in manicomio.

A questa vicenda il grande scrittore francese Louis-Ferdinand Céline dedica la sua tesi di laurea in medicina e la introduce così *"ecco la terribile storia di Ignazio Filippo Semmelweis. Essa ci mostra il pericolo di volere troppo bene agli uomini. E' una vecchia lezione sempre nuova. Supponiamo che oggi, allo stesso modo, venga un altro innocente che si metta a guarire il cancro manco si immagina che genere di musica gli farebbero ballare. Ah, sarebbe veramente fenomenale. Meglio che prenda doppie misure di prudenza, meglio*

che sia avvertito, che se ne stia maledettamente bene in guardia.
Sarebbe tanto di guadagnato se si arruolasse nella legione straniera.
Niente è gratuito in questo basso mondo. Tutto si espia; il bene, come
il male, si paga prima o poi. Il bene è molto più caro, per forza."

BIBLIOGRAFIA

BALENA Giampiero, Istituzioni di diritto processuale civile Vol. 3, Cacucci Editore, 2019;

BERTAZZI Pier Alberto, Medicina del lavoro , Cortina Editore, 2019;

CATALDI Enzo, L'Istituto Nazionale per l'Assicurazione contro gli Infortuni sul Lavoro (testimonianza di un secolo), Roma, 1983;

CELINE Louis-Ferdinand, Il dottor Semmelweis, Ed. Clandestine, 1999;

CORSALINI Guglielmo, La centralità del lavoratore nel sistema di tutela INAIL, Giuffrè Francis Lefebvre, 2020;

D'ALIA, LA PECCERELLA, Testo unico delle disposizioni per l'assicurazione obbligatoria contro gli infortuni sul lavoro e le malattie professionali, INAIL 2019;

DE MATTEIS Aldo, Infortuni sul lavoro e malattie professionali, Milano, Giuffrè Francis Lefebvre, 2020;

DE PAOLI, CAMPO, PAPALE, MAGLIOCCHI, L'evoluzione della tutela delle malattie professionali in Italia, Istituto Superiore per la Prevenzione e la Sicurezza del Lavoro (ISPESL), Dipartimento Processi organizzativi, INAIL, Roma;

GIUGNI Gino, Diritto sindacale, Cacucci Editore, 2015;

Guida all'assicurazione, INAIL, 2018;

Guida alle prestazioni, INAIL, Edizione 2018;

INAIL un breve profilo, INAIL, 2016;

INNOCENZI, BINDI SANDUTTI, SIGNORINI, BENDETTI, MORINELLI, Storia della prevenzione, INAIL, 2014;

PERSIANI, LIEBMAN, MAIO, MARAZZA, MARTONE, DEL CONTE, FERRARI, Fondamenti di diritto del lavoro, G. Giappichelli Editore, 2019;

RINALDI Manuela, Commentario testo unico sicurezza sul lavoro, Key Editore, 2021;

SITOGRAFIA

https://art.torvergata.it/retrieve/handle/2108/67229/119133/Medicina%20legale%20della
%20previdenza%20e%20dell%27assistenza.pdf
https://mysuperabile.inail.it/cs/superabile/home
https://olympus.uniurb.it/
https://www.altalex.com/
https://www.cortedicassazione.it/corte-di-cassazione/
https://www.giurcost.org/
https://www.inail.it/cs/internet/attivita/assicurazione.html
https://www.inail.it/cs/internet/home.html
https://www.laleggepertutti.it/
https://www.laleggepertutti.it/
https://www.lavoro.gov.it/Pagine/default.aspx
https://www.normattiva.it/

PRINCIPALI RIFERIMENTI NORMATIVI

art. 38 Cost.: Principio della sicurezza sociale;
art. 32 Cost.: Responsabilità civile e danno biologico;
D.P.R. 1124/68
D.P.R. 834/81
L. 222/94
D.Lgs. 38/2000
D.Lgs . 81/2008

www.ingramcontent.com/pod-product-compliance
Lightning Source LLC
Chambersburg PA
CBHW070915260726
48661CB00004B/1735